お道の風景

教えを悟る・教えを暮らす

木岡 昭
KiokaAkira

目次

第二章　教えを暮らす …… 47

装丁……小野　雄治

はじめに

きょうまで生かされてきたことへの喜びを感じるなかにも、やがて来るであろう死のことを考えたとき、少なからず寂しさを感じる。

そうした気持ちのとき、あるテレビ番組を見た。それは、三十七歳の男性が二度の手術のあと、余命半年もない末期ガンであるとの告知を受け、やがて死を迎えるまでの家族との生活を撮ったドキュメントである。幼子を含む三人の子どもたちと過ごす、百日に及ぶその生活の描写は実に痛々しいものだった。

番組の中で、学校へ行きたがらない小学生の長男を、父親が病を押して叱《しか》るというシーンがあった。子どもは泣きだすが、かまわずさらに強く言うさまには涙がこぼれた。間もなく消えようとする命だからこそ、それまでに息子に、少しでもしっかり育ってもらいたいという必死の願いを感じ、胸のしめつけられる思いがした。ああ、この家族には「道」があると思った。

道とは本来、目的や目標があって初めてその意味が生かされる。この家族は、一家の現状を受け入れ、将来の目標に向かって歩む「道」を定めたからこそ、悲しみにも耐えて頑張れたのだろう。

さて私たちは、私たちの信仰している教えのことを「お道」と呼んでいる。この言葉の響きは爽《さわ》やかで、やさしさに満ちている。

人生の意義を見つめ、幸せを得るには道がなければならない。つまり、どう生きるかの道である。その道を見失ってしまったというところに、今日の社会の混迷を招いた原因があるのではないだろうか。だからこそ、人間をお創《つく》りくだされた親神様の教え導かれる「お道」こそが、たしかな本道といえるのである。

誰《だれ》しも人生の道中には必ず苦難がある。親神様の大いなる親心はそのことを承知で、人生の道中に起こるさまざまな状況に応じて成人への歩み方を教えられる。

　このさきハみちにたとへてはなしする
どこの事ともさらにゆハんで　（一 46）
やまさかやいばらぐろふもがけみちも
つるぎのなかもとふりぬけたら　（一 47）
まだみへるひのなかもありふちなかも
それをこしたらほそいみちあり　（一 48）
ほそみちをだん／＼こせばをふみちや

これがたしかなほんみちである　（一 49）
このはなしほかの事でわないほとに
神一ぢよでこれわが事　（一 50）
慈愛に満ちた教祖《おやさま》は、この一連のおふでさきを通して、私たちに歩むべき道を教えられている。
「神一ぢよでこれわが事」。お道の教えは単なる道しるべではなく、すべて自分自身の問題として受けとめるべきと悟ることが大切だ。何としても人々の幸せのために、お道の風景を世に映し出していきたいと思う。それは〝教えを暮らす〟ことであり、暮らすためには教えを自身の内に治めることが必要である。
そこで未熟ながら、教えのひとこまひとこまを、時には世の状《さま》と対比しながら語っていきたい。

第一章 教えを悟る

信仰の周辺

　高校卒業を間近に控えた二月、私は急性肝炎を患った。当時の生活習慣からはとても考えられない病気だった。どうして患ったのか、いまでも不思議に思っている。健康に自信があった私は、新しい人生の門出を前に大きなショックを受けた。

　思えば、私たちは同じ人間でありながら、百人が百人、異なる運命をもっている。どの時代に、どの場所で、どの親から生まれるかは、自分の意志とは無関係である。また能力、健康、性格などもそれぞれ、自分の思うようには与わっていない。

そうした運命的なものが、人間にとって大きな問題になると考えるとき、神様と向き合う心構えが大切になるだろう。それは、与えられた自分を受け入れ、受けとめる態度である。いたずらに他人の人生と比較することなく、自分の人生を唯一のものと自覚して歩んでいくことである。このように自分の運命的なるものを知った人間は、教えを通して必ず良い悟りができると私は思っている。

信仰とはたとえてみると、陽気ぐらしという山の頂を目指して登るようなものである。親神様はすべての人々の神であり、一人ひとりに公平に、陽気ぐらしに向かう道を与えてくださっている。ところが私たちはそれぞれ、体力も違えば持つ荷物の重さも違う。そのうえ、道中は必ずしも平坦とはかぎらない。デコボコがあったりヌカルミがあったりする。それゆえ、道を見失ったり、横道へそれる人も出てくる。

自分の道を正すには、人の通る道を見て我が道を確認することも大切である。案外、人の歩く姿から自分が見えてくる。それでもなかなか、自分の通る道が果たしてそれでいいのかは、見えにくいものである。そこで、親神様は登山口から頂上までに一本、万人の手本として正しい道を指し示してくださっている。これが教祖のひながたである。

教理が分かっていても、悟る心は別である。多く知識があるからといって、良い悟りができるというものでもない。私たちは、このことをよく思案して信仰の道にいそしみたいものだ。

そのためには、常に自分がどんな人間であるかを知りつつ、同時に、多くの人々の中にあっての一人の自分であることも併せて知る必要がある。そういう心構えのある人こそ、教えを通して良い悟り方ができるものと思っている。

親神様はこの世の真実の道を教えられた。しかしそれは、それぞれの心の成人次第にしか見えてこないと仰せられている。だから私は、信仰を続けていても、良い悟りができなければ喜べないと思っている。

祈る

ぢばとは、元初《もとはじ》まりに人間を宿し込まれた元の場所である。ぢばには、親神様がお鎮《しず》まりくださる場所として天理王命の神名が授けられ、その証拠として「かんろだい」が据えられている。ぢばは、世界中の人間の生まれ故郷であることから、各地からぢばにお参りすることを「おぢば帰り」と親しみを込めていう。私たちは、おぢばにお鎮まりくださる親神様に対して祈るのである。

各教会の神床《かんどこ》にお鎮まりくだされているのが親神様、教祖のお目標《めどう》であり、各家庭で祀《まつ》られている礼拝目標は、神実《かんざね》さまと呼ばれ、各所属教会を通しておぢばから下付される。おぢばから離れた所では、その目標を通して親神様を礼拝するのである。

さて、私たちの祈りには四通りある。

まず願うこと。人間の力で及ばないことはたくさんある。そんなとき、親神様の子供として、人さまの幸せのため真心を尽くして真剣に願うのである。その結果として運命が切り替わり、幸せを得た人はたくさんいる。私も多く体験させていただいた。

次にお礼。生かされていること、ご守護いただいたことをいつまでも忘れず、お礼をする。お礼をする心で祈る人は、心に喜びが湧《わ》き、徳が積める。

さんげすること。過去の良くない心遣いや行動を反省してお詫《わ》びをするとき、新たな心になり、人生の再出発ができる。

誓うこと。私たちの心というものは、朝に決めたことが夕べに変わるように、弱くてもろいものである。ましてや勝手な欲望が押し寄せると、誠の心は退散してしまう。そこで、実践すべきことを心の内に定めて、それを親神様に誓うのである。誓ったうえは、どんな困難も乗り越え努力していく。成就できる人は大きな徳を頂戴《ちょうだい》できるだろう。誓うことは少しの真実ではむずかしいのだ。

このように私たちの信仰は、祈りの実践のなかにある。心や体を親神様に運びながら、生活の一部としていくのである。

いずれにせよ、最も大切なのは、生かされていることへの感謝とお礼を日々怠らないことである。

ひながたと生活

次の文章は、信仰をされている、ある大学教授が書かれたものである。

「私事で恐縮だが、天の理に沿って生きることをひと時も忘れることのなかった亡き母は、食事のときいつも感謝して、涙をためて真っ赤な顔をして食べていた。……手洗いから出てきたときでさえも、母は排泄《はいせつ》の摂理に感謝して、ありがたいありがたいと涙にむせんでいたのを思い出す。……清貧の限りを尽くし、その感謝の念のおすそ分けとして人だすけに尽くした母。母の存在は、私たち子どもにとって、そしていまの私にとってもすばらしい手本である……」

一読して私は大変感動した。

信仰とはたいてい、いまの苦難から逃れたい、より結構になりたいというところから始まるのは当然だろう。教祖の救済もまず、世の谷底にある人々からたすけ上げられた。谷底の一つは、身の苦痛である。もう一つは、食に貧することである。この二つは、極限に至ればどんな説教も無駄である。これには教祖も、人のために自らの命を投げ出され、また、明日をつなぐぎりぎりの食までも施して人だすけをされた。

しかし、それだけでは本当に救済されたことにはならないとも教えられた。人間の幸せ、喜びの原点は、常に心が成長していくことである。したがって信仰の目標も、入信したときより進化していかねば、やがて惰性に流れてしまう。

教祖はそのひながたにおいて、実に五十年の道の半分を費やして、貧に落ちきる道を歩まれた。最初は困った人に施し、最後は我が家、我が土地まで売り払って、ひたすら一切をなくされた。そのなかにも「世界には、枕もとに食物を山ほど積んでも、食べるに食べれず、水も喉を越さんと言うて苦しんでいる人もある。そのことを思えば、わしらは結構や、水を飲めば水の味がする」と、いとも明るくお子様たちを励まされた。

教祖があえて貧に落ちきる道を歩まれたのは、教祖は人間社会を超越した存在であり、人類救済の原点からすると、それまでの個人的な物は一切必要としないからである。

そしてもう一つの理由は、私たちに対するひながたである。考えてみれば、身の極限の痛み、死と隣り合わせの貧を除けば、私たちの大方の悩みは自己の執着心から生ずる。より結構な衣食住が欲しい、偉い人になりたい、人に負けたくないなど、欲の心は際限なく広がる。しかし、私たちの社会は自分の思いのままになるものではない。そんなときには執着心は喜び心を失わせる。今日の発展した社会では、執着心はいよいよ増す。行きつくところ人間不信となり、社会も家庭も縁が切れていくのである。

私たちはいろんな「ふし」に出合うたびに、教祖のひながたに照らしてみて自分の執着心を放すことが必要である。貧に落ちきるとは、執着心を放すことである。そのとき、どんな心を持つべきか。それを冒頭の文章が言い当てている。この教授の母親の信仰は、教祖の思召《おぼしめし》に適《かな》った姿である。これは世の主義主張を超越した人生の真理であり、何ものにもまして母の情愛として教授の心に豊かに染み込んでいるのだ。

感動のない人生は砂漠だ。努力なくして感動はない。

信仰のあり方

世の中が成長するということは、文化が発展するということである。それは、時代を経て人間の知識がより発達してきたということでもある。しかし、これでは単に知識が発達しただけで、それに見合う心の発達を置き去りにしてはいないだろうか。

科学が発達して合理的な思いが叶《かな》うようになれば、神仏を信じない心が増長する。その結果、人々は心から幸せになったのか。人々はより仲良く暮らせるようになったのか。

宗教心のある人とは、どんな人のことをいうのだろう。それは神仏を信じ、その教えをもって生活する人のことであろう。しかし、本物の宗教心とは、ただ自分のご利益《りやく》のみを求めるのではなく、私たちの住む自然を畏敬《いけい》しながら、人々と共に暮らし、共に楽しむための正しい行いをする心ではないだろうか。

みかぐらうたに、

みればせかいのこゝろにハ
よくがまじりてあるほどに
（九下り目　3）

よくがあるならやめてくれ
かみのうけとりでけんから
（九下り目　4）

と仰せられるが、これは万人に通じる信仰の本分である。

こうしたことを踏まえて、私はお道の信仰の仕方として、二つのことを心に刻んでいる。

その一つは、みかぐらうたにある、

むりなねがひはしてくれな
ひとすぢごゝろになりてこい　（三下り目　6）
なんでもこれからひとすぢに
かみにもたれてゆきまする　（三下り目　7）

の「一筋心」である。

一筋心とは何か。私たちは自分の都合に合わせた願いの筋を幾筋も持つものだ。しかし、自分にとってどんなに都合が悪くても天の摂理に沿いきる心が大切で、これが一筋心だと思う。自分の都合を先に立てるのではなくて、あくまでも神の思いに沿う心である。

もう一つは「感謝の心」である。私たちの人生には苦しみはつきものである。そんなときは喜びも感謝の念も吹っ飛んでしまう。しかし、そんな中でも人生の大方は、成ってきた事柄に親心を悟っていけば必ず、小さくても感謝できることがあるものだ。それは、人と比較せず、身も心も裸になって欲を放せばできるだろう。明日の光も必ずそこに見えてくると確信している。

この世には天理に反した不思議はない。だからどんな我が事にも優先して、天理に忠実にならねばならない。

私は、一筋心と感謝の心を常に心において通ったならば、必ず喜びが訪れると信じている。

身体はかりもの

どこかへ行きたいと思ったら、たいていの人なら身体《からだ》は思いどおりに動いてくれる。まことに自分の身体は自分のものである。しかし命令に従わないときもある。病気になったときである。そんなとき、身体が自分の意のままにならないことに気づく。さらに考えてみれば、寝ている間も呼吸し、一瞬の休みもなく血液が流れていることに気づく。そしてやがては、自分では望まなくても、息を引きとられて死んでいくのである。

まさに、自分の力ではなく親神様のお働きで生かされているのだ。「かしもの

・かりもの」の教えである。

人間の身体は親神様から借りているのであって、親神様からみれば人間に貸しているのである。お道では、かしもの・かりものの教理は信仰生活の基本であり、これが分からねば、他のことをいくら覚えても何も分からぬのと同じだと教えられる。

貸し借りといえば、私たちが人から物を借りるときには目的がある。だから貸してくれるのであり、借りるのである。しかし身体は、親神様から貸し与えられたものである。したがって貸し主の思いを知り、その思いに沿って使うべきだろう。その思いとは、人間創造の目的である陽気ぐらしのために生きてもらいたいということである。

ではなぜ、身体はかりものと自覚せよと促されるのか。

まず、借りていることに自覚のない人は、生きていることが当たり前と思い、感謝の気持ちが湧《わ》かない。本当に借りていることが実感できれば、自《おの》ずと感謝の念が湧き、喜び心が現れてくるものだ。やがてそれは生かされていることへの報恩の心となり、日々親神様にお礼をして暮らすこととなる。これこそ、この道の信仰の第一義であり、この実践によってこそ陽気ぐらしのできる心の徳を頂戴《ちょうだい》することができるのである。

また、かりものであることを自覚すれば、身体は親神様のものとして大切に使うことになる。それは、他人の身体も同じ親神様のものであるとの自覚に至り、他人をいたわり尊んで、やがて人をたすける心を培ってくれる。これこそが親神様の大きな望みである。

人はただ漫然として生きているだけでは、人生の意義や喜びは味わえない。やはり、かりものの理を心に治めてこそ、陽気ぐらしは達成される。そして親神様の思いに沿い、やがて安らかな心で身体をお返しさせていただくこととなる。

立教一六五年十二月十五日号の『天理時報』に、五歳のときにがんを患い、六年間も入退院を繰り返した末、十一歳で亡くなった子どもが、亡くなる直前に書いた詩が掲載された。そこには、人の命は神様から与えられたもので、命がないと人間は生きられないこと、まだたくさん命が使えるのに無駄にする人を見ると悲しくなったことなどが綴《つづ》られており、最後に、「私は命が疲れたというまで、せいいっぱい生きよう」と書かれていた。

一読して私は溢《あふ》れ出る涙をこらえることができなかった。親神様の親心を頂き、いまこうして身体を借りていることの意味を、より強く自覚しなければ申し訳がないと思った。

心一つで

以前、テレビであるドキュメント番組を見た。

沖縄出身のテノール歌手が、自分の生い立ちを通して人生を語り、歌の公演をするというものだった。彼は外国人を父にもって生を受けた。出産直後、こんなことがあるのかと思うような出来事で失明している。それは、助産師が間違えて劇薬の付いた布で彼の目を拭《ふ》いてしまったのである。そんな生い立ちの彼に、やがて親の離婚があり、父は母子を捨てて去ってしまった。

彼は四十歳ごろまで親を恨み、助産師を憎んでいたという。そんな彼が歌を通して人生を立ち直らせた話であった。公演の聴衆の中には感動して泣いている人もいた。また、自らも障害を持ち出生を恨んでいた青年が、彼のステージをきっかけに立ち直り、ひきこもりをやめたというエピソードもあった。

人は誰《だれ》も苦しみたくはない。しかし、苦しみを乗り越え、よりよい人生を歩みたいという心も持っている。だから苦労を乗り越える話に感動するのである。

もちろん苦しみは誰しも嫌である。しかし世の中は理不尽なものである。他人の勝手のために苦しめられ、不幸におとしめられることがなくならない。

人が起こす不幸は、その原因と背景を究明し、よりよい教育を施して、皆でなくするように努力しなければならない。そうでなければ不幸はあとを絶たない。

しかし私たちは、「今」を生きる存在であることも忘れてはならない。

人は自分の出生を前もって知ることはできない。しかし死は生存中に知ることとなる。これは、私たちはこの世にどんな状態で生かされていても、その一生は自分で責任を持つべきではないかということではなかろうか。

私はこの盲目の歌手から二つの感動的な言葉を聞いた。一つは「あれだけ恨んでいた父に、良い声をもらったと感謝できるようになった」、もう一つは「自分はナンバーワンを目指すのではなくオンリーワンを目指す人生を歩む」という言葉である。

世の中には、いろんな世界でナンバーワンを目指しての競争がある。しかし、それぞれの人生には個性があるので、一定の定規で推し量って競争できるものではない。オンリーワンとは自分だけにしかない能力、特色を精いっぱい出した結果の現れである。

この二つの言葉は、教祖が教えられた心のあり方と同じではないだろうか。まことに心一つの自由は、将来に素晴らしい可能性を与えてくださる。

どんな中にあっても、人生を変えるのは心一つである。いつの時代になっても、私たちは教祖のひながたを胸に抱いて、心の成人の道を歩ませていただかねばなるまい。

命と出直し

人生とは限りなく死へ近づく道であり、死とは避けては通れない事実である。そしてこの世で一番嫌なことでもある。誰《だれ》しも老いることに寂しさを感じるが、それはその先に死が待っているからである。老いても死が訪れないとなれば、皆違った感情になるはずだ。しかし、あらゆる生命体には限りがあるのだから仕方がない。

人間は前もって死があることを知っているが、それにはどんな意味があるのだろうか。その一つは、生命が終わることの恐怖を知るということである。恐怖を知るということは、裏を返せば、かけがえのない生命を自覚し、最も大切にすることになる。

私たちは、どのくらい生きられるのか、おおよその年限を知っている。だから人生設計をする。自分なりに目的を持ち、一生を有意義に暮らそうという気持ちも生まれる。何百年も生きられるとなれば、努力もせずにのんびり過ごすことになるだろう。

すべての生命体は、時間が経《た》てば必ず老朽化する。そして死を迎えるが、それは人間の身体《からだ》でいえば、その働きが止まるということである。そのとき、身体は親神様からのかりものであるから、お返ししなければならない。身体を返すと魂は親神様の懐に抱かれ、いつの日かまた新しい身体を借りてこの世に生まれ出る、と教えられる。つまり私たちの生命の歴史は、生まれてから死ぬまでの間だけではなく、連綿と繰り返し続いているのである。だから、死のことを出直しという。出直しは生命の終わりではなく、次の世へ生まれ替わるための出発の用意でもある。

出直しを信じた先人は、泰然として何の無念さもなく、「親神様、ありがとうございました。皆さん、それでは出直してきます」と言って出直されたと聞く。それはまさに、毎日、夜に寝るときの気持ちと同じではなかったろうか。

この出直しと生まれ替わりの教えは、私たちの心に永遠の希望を与えてくださるものである。本当に親神様の深い親心を感じさせていただく。何としても私たちは親神様にもたれ、この出直しを信じて心安らぐ生き方をしたいものである。

心のほこり

人は一日に二千回以上もいろんな思いをめぐらせるという。それには希望や欲望、空想もあるだろう。「心にもないことを言ってしまった」と言い訳をする人があるが、これはおかしい。必ず心にあることが言葉や行動に現れるのだ。となると、その思いは自分を守るために自己中心的になりやすくなることも事実である。

自分の思いが正しいか、間違っているかを決めるのが、天理という定規である。良き心遣いとは、かりものの理をしっかり心に治め、互いにたすけ合う一れつ兄弟の思いであり、悪《あ》しき心遣いとは、自己中心的で我が身勝手な思いである。天理にもとる心遣いは、それが原因で予期せぬ病気や、事情のもつれを引きおこすと教えられる。みかぐらうたにも「やまひのもとハこゝろから」と仰せいただく。

この悪しき心遣いをほこりにたとえて教えられたのが「心のほこり」である。分かりやすく「をしい、ほしい、にくい、かわい、うらみ、はらだち、よく、こうまん」と八つに分けて教えられている。そのほかに「うそ」と「ついしよ」も、よくない心遣いとして教えられている。八つのほこりとは、どんな心遣いなのか簡単に示してみよう。

「をしい」とは、物を粗末にしないために惜しがるのはよいが、骨身を惜しんだり、出し惜しんだりする心遣い。

「ほしい」とは、見合っただけの与えも出さずに、欲望のままに何でも欲しがる心遣い。

「にくい」とは、世の罪を憎んで正す努力をするのはよいが、いたずらに人を憎んだり、自分の不都合だけを取り上げて他人を憎む心遣い。

「かわい」とは、分け隔てなく可愛《かわい》がるのはよいが、度が過ぎたり、差別したり、溺愛《できあい》、偏愛してしまう心遣い。

「うらみ」とは、我が身の至らなさを恨むのはよいが、他人の意見を恨み、自分勝手に他人を恨む心遣い。

「はらだち」とは、世の不正などに腹を立てて正す努力をするのはよいが、自分の勝手で腹を立てる心遣い。

「よく」とは、世のため人のため、また自分の生き方を正しく高めるための欲はよいが、自己中心的な欲の心遣い。

「こうまん」とは、自分の努力で物事を成し遂げたことに誇りを持ち喜ぶのはよいが、人を見下したり、威張り散らしたり、人に負けたくなく格好をつけたがる心遣い。

このほこりの教えは、人類の親なればこその親心溢《あふ》れたものであると私は感じている。

ほこりは目に見えないものである。どんなに綺麗《きれい》な部屋でも、掃除をしなければ必ず積もり、やがては汚れが目立つようになる。私たち人間も、日々の暮らしのなかで知らず知らずのうちに悪しき心遣いを重ね、気がつかないで過ごしている。しかし、心のほこりは、努力さえすれば必ず払えるものだと教えられる。だから大切なのは、ほこりを払うことである。誰もが天理に沿った心遣いを重ねたとき、必ず心のほこりは払われ、救われるのである。

神をほうきとしてほこりを払い、心澄みきらすこの道である。

徳を積む

私たちが充実した人生を味わうためには、自分をしっかり知ることだろう。信仰は第一に、その点を知る努力をしなければなるまい。自分が分かれば人も分かるのである。自分が分かっていない人に、人の心が分かることはないだろう。そうなれば、人間としての連帯が薄れて自己中心が増幅するのである。

それについて作家の五木寛之《いつきひろゆき》氏の言葉に「いまの人は自分が軽い、だから他人も軽くみる」とは、言い得て妙と思った。軽いということは、自分が分かっていないということだ。氏はそれを「責任をもたない。勇気がない。損得で信念を曲げる」と説いている。そして「宗教は社会、家庭、個人の暴走を防ぐ歯車である」とも述べている。

人は目先の欲望が満たされて一時は喜んでも、それだけでは必ず喜べなくなるように創《つく》られている。根のない浮草のようなもので、やがて枯れていく。枯れるとは人間の真実の生き方を捨てた姿である。根とは命の根であり、真実の養分を与えてくれるものである。

今日の世情は、徳がだんだん切れつつあるように思う。世間一般では、徳とは良い行いとか、人を敬服させる力などに使われる。しかし、お道ではもう一つ奥深い意味で使われる。

もちろん、本来お道で徳のある人とは、親神様への感謝とお礼の念厚く、人をたすける心の厚い人のことである。その徳とは、別な表現をすれば「おかげ」ではなかろうか。おかげとは、自分の力以外の陰の力を頂くことである。人は同じ能力、環境であっても、運命の違いで異なった結果となる。また同じ状況を与えられても、喜べる人もいれば不足する人もいる。これは一人ひとりの心が持つ陰の力の差でしかない。その陰の力を頂いてこそ、私たちは生かされているのだ。

私どもの教会に、身上も事情もなく、お道の教えを聞いて入信された人がいる。やがて家には神様を祀《まつ》り、夫婦でよふぼくとなり、教会の月次祭には毎月欠かさず参拝し、少なくとも年に一度は必ず札幌からおぢば帰りをしている。この人がある日、知人に用件があって電話をしたところ、終わってすぐその知人が家まで来た。そして「あなたの話し方が少しおかしい。私が運転して連れていくから病院へ行こう」と言うのである。奥さんは朝から一緒にいて気がつかないのである。早速、脳神経外科で診てもらったところ、脳梗塞《のうこうそく》でそのまま入院となった。ところが早く気がついたので、少しの入院で治った。ご夫婦は「知人に電話したのも陰の力、知人がわざわざ来て病院へ連れていってくれたのも陰の力、早期発見も陰の力です。親神様にたすけていただきました」と感謝の念いっぱいに話された。

このご夫婦は真心で信仰を続けられていたので、いざというとき、徳を与えていただいたのだと思う。私たちは自分を知り、自分の値打ちを低く見積もり、こつこつと実践させていただくところに徳が身に付くのだということを知るべきである。

つくし・はこび

人間には、物やお金などの入る器とは別に、喜べる器があることを悟らせていただく。欲望が叶っても、喜べる器を大きくしなければ本当に喜ぶことができないのだ。そして喜べる器を大きくするには、心の成長が不可欠である。

喜べる徳を頂くためには心が澄みきることだ。そのためには心の掃除が必要となる。そこで、神をほうきとして心の掃除をするようにと、親神様は急《せ》き込まれたのである。それは人間創造の元なる神のお力を頂くことであって、生命の元に根差すとはこのことである。そのために真実の価《あたい》でもって徳を積むことを教えられたのである。

では価とは何か。それは借りものの身体であるという自覚をもって、親神様にお礼をすることである。そこで親神様は、価を出してお礼をする方法を教えられたのである。

その一つが「つくし」である。つくしとは、お道のうえに尽くすことで、一般的には物や金銭の形で心の価を尽くしている。これは親神様のたすけ一条の御用のために使っていただくもので、自分に余力があるからするのではなく、真実に尽くす心でするものであろう。

つくし・はこび

今日では金銭を尽くすことが多いようである。人間の欲望の権化となる最大のものが金であるから、その金を放すことは容易ではない。だからこそ、心の価も現れてくるのだろう。何事も形を出さねば何の痛みもない。やはり自分の身にこたえてこそ、その心は神に届くのではなかろうか。

　にち〳〵に心つくしたものだねを
　神がたしかにうけとりている
（おふでさき号外）

　次に「はこび」である。これも道のうえで運ぶことであり、おぢばや教会へ参拝したり、また身をもって道の御用につとめることである。

　特に、神の前に運んで人々と共に一手一つにおつとめを勤めれば、必ず親神様の大きなご守護を頂戴《ちょうだい》できるものと確信をしている。

　かりものの身体をどれだけ多く神の前へ運ぶことができるか。真実の心で運んで、徳が積めないはずはないのだ。

　このつくし・はこびは、させていただく心と態度が大切である。

にをいがけ、おたすけ

親神様の人間創造の目的は、人々が陽気にたすけ合って暮らすさまを、見て共に楽しみたいがゆえである。ところが、長い時間を経て生まれ替わりを重ねるうちに、人々はそれぞれのいんねんによって人生が異なってきた。そうなれば人の思いに差が生じ、たすけ合う心も成人の度合いによって異なってくる。そこで、たすけ合うためには、先に分かった人から行うしかないということになる。だから親神様は、人をたすけると心に喜びが湧《わ》くように、人間を創《つく》られたのであろう。人をたすけたときの喜びは、させていただいて初めて分かることなのだ。

人々がたすけ合って生きることは、人類が生存するためには必須の条件である。そこで親神様は、こうした対人行為こそ私たちにとって一番の徳積みになると教えられた。それがにをいがけ、おたすけである。

にをいがけとは、お道の匂《にお》い、親神様を信仰する者の匂いをかけることである。未信の人に親神様のご守護のありがたさを伝え、信仰の喜びを聞いてもらい、その姿を見ていただくことである。いわゆる布教活動であるが、信仰をしている人が醸し出す良い匂いがなければ教えも人の心に伝わらないことから、この言葉を仰せられたと思われる。信仰に導くことは、たすかるうえでの出発点となるから、にをいがけは人をたすける行為といえる。

人をたすけるといっても、それにはいろんな形態がある。たとえば、生活に困っている人に物を施すのもたすけであり、歩けない人を背負うのも立派なたすけである。しかしこれだけでは、その人たちの人生が根本的にたすかったとはいえない。

お道のおたすけとは、病気で苦しみ事情で悩んでいる人々を、親神様の思召《おぼしめし》に沿う心に導くことである。思召に沿うとは、かりものの身体を自覚して感謝とお礼の生活を積み重ねることである。その真実の徳積みの結果、あらゆる苦しみや悩みをたすけていただくことになる。

さて、親神様はこの道を広め、たすけの道を促されるのに、なぜ人から人へという方法をもってなされたのだろうか。それは、私たち人間に誠真実の心を培ってもらいたいがためである。誠真実の心を培うには、にをいがけ、おたすけが一番であると仰せられるのである。これは好き嫌いの問題ではない。たとえ嫌であってても行えば行っただけ、必ず誠真実が培われ、伏せ込みとしての徳を積ませていただき、神様も受け取ってくださるのである。

誠真実で得た徳は、思召に適《かな》った悟りと、何を見ても聞いても喜べる生活を与えてくれることだろう。まことに、にをいがけ、おたすけは車の両輪のようなもので、切り離すことができないのである。

第二章 教えを暮らす

欲のない心

「私が小学生のころ、日本はまだ経済復興しておらず、したがってモノに不足し、学用品も満足に持っている者はいなかった。そんな中、父は私にはいろんな学用品を調達してくれた。他の生徒は羨《うらや》ましがった。ところがある日、学用品の一つがなくなった。どう考えても盗《と》られた以外にないと思ったので、先生にそのことを告げた。先生は皆に話をしてくれたが出てこなかった。私は面白くなかった。帰ってからこのことを母親に言ったら、お前が不注意だからとひどく叱《しか》られた。担任の先生が我が家へ来《こ》られ、学校での盗難騒ぎについて親に詫《わ》びた。ところが対応に出た父は、盗るより盗られるほうでよかったと、むしろ喜んだ。先生は虚を突かれたようだったが、何となく安心した顔で帰っていった。私は正直、父の言葉を聞いてホッとした。私は自分の生い立ちの中で、こうした父の言動にふれることにより心になごみを感じて育ってきた。私は父から素晴らしい人間教育を受けてきたと思っている」

これは、ある作家が父親について記したものを、私なりにまとめたものである。私も心なごむ思いがし、自分もこうありたいと思ったものである。この場合、盗るという不正行為を正すことが一般的な話の筋である。ところがこの父親にはそうした筋はない。そこに心のなごみが生まれたのである。

今日の世相は、便利を求め回転も早く、時間に急《せ》かされるようになった。これは人間の社会が成長したからである。社会が成長したということは、それだけ世の中がむずかしくなったということでもある。そうなると、何事も筋が通らないと納得しないし、らちが明かない。この考えは、モノの世界で留《とど》まっていればまだしも、心の問題となるとそうはいかない。

世の中が合理的になると、何かにつけてやたらと筋を通したがる。しかし、筋を通すところには心のなごみは生まれないと私は思う。どんな食べ物も筋があれば食べづらく、おいしささを欠くものだ。人間の心と心のふれあいは、ちょうどそのようなものではないだろうか。

道の先人からは「かとう、やわらこう」「せいて、せかん」と教えられるが、これこそ自分の筋に拘泥せず、柔軟な心で、時に応じて悟り、上手に受けて実践していく道を教えられているのだろう。存外、自分にとって損なことのなかに、大きな天の理の働きを見せていただくのではないかと思う。

私たちはやみくもに知に働きすぎたり、世上のほこりに流されてはならない。なごむ心を与えたり、求めたりして暮らしていきたいものである。

人としての概念

最近の社会はひどくなったと、誰《だれ》もが思っている。人を人とも思わない犯罪が増えている。大人社会にかぎらず、少年犯罪にも歯止めがかからない。家庭のゆがみにも一因があるのだろう。

先日、ある人が「私の子どものころは、よく近所のおじさんに叱《しか》られたものだ」と言っていたが、地域共同体がさほど機能せず、人としての概念を育てる場が少なくなり、家庭に閉じこもる傾向にあるため、人生の悟りがひどくなってしまったのではないだろうか。

りんごと一口に言っても、赤い色もあれば青い色もある。また甘味の強いもの、酸味の強いもの、形の異なったものもある。しかし私たちは、これらをすべてりんごと言っている。それは、私たちがりんごという概念を持っているからである。

概念とは分かりやすくいえば、皆が持つおおよその共通の考えや思いのことを指す。おおよそとは、いい加減という意味ではない。これは、独自のいろんな考えをもつ人間同士が分かり合うために最も大切なものである。

人としての概念

人間の歴史は子どもが生まれなければ続かない。子どもが生まれるには男と女の協力が絶対必要である。自分一人で生きるということは人類の滅亡を意味してしまう。さらに言えば、いくら子どもが生まれても、物を食べ、住み、衣服を着なければ生きられない。大昔ならいざ知らず、今日では物を獲《と》る人、作る人などが、お互いにたすけ合っていかねば生活が成り立たない。このように共に生きる所を社会と言っている。したがって私たちは、必然的に社会性を有しているということになる。社会はよりよく生きていくためにルールをつくる。道徳が生まれたのも人間の社会性からである。

そこで大切なのは、社会というものはお互いに人としての偏らない、しっかりとした概念を持ち合わせていなければ成り立たないということである。

それは、人間とは必ず人と共に在るもの、たすけ合わねば生存できないもの、もっといえば、人生に道を求めて生きる唯一の動物であるからである。それは、人の喜びの中に自分の喜びを見いだすことでもある。この概念は、環境と教育の力で掘り起こさねばならない。その場は、家庭や学校、地域などであるが、それらがうまくいっていないから、いま社会ではいろいろな問題が起きている。

私たちは教祖から、人間は皆、兄弟姉妹《きょうだい》であること、私たちの身体《からだ》は神様からのかりものだから大切に使い、他人の身体も神様のものだから傷つけないで大切にしなければならないということを教えられている。この道の信仰者は、このことを世に伝え示していかなければならない。

この教祖の教えを、人間としての、おおよその共通の思いとして持ち合わせることができたとき、いかなる社会にも陽気ぐらしが訪れるだろう。このにをいがけは立派な教育であり、少なくとも家庭から始めていかねばなるまい。

人間の資質

　ある小学校で女子児童が同級生を殺害したというニュースを聞いた私は、その残忍さに戦慄《せんりつ》を覚えた。事件のあとすぐに耳にしたのは、この女子児童はごく普通の家庭の子であったということだ。よく聞かれる普通の子、普通の家庭とはどういうものだろうか。その基準、線引きは、誰《だれ》が、何をもって判断しているのだろう。

　児童心理や児童矯正に携わる専門家が、こうした事件を起こす児童に共通する点として、家庭の中での心の居場所がなかったこと、本人の心が自分の空想の中に埋没していることなどを指摘する。たしかに人間は環境に左右される。今日では経済の発展と自由主義によって、テレビをはじめとするメディアからの情報が自己主張の風潮を助長し、他人の人生や命を軽んじるようになったのかもしれない。しかし、こうした外的要素だけとはかぎらない。もっと人間の根本的な資質の問題を問わなければ解決には至らないと私は思っている。

私事で恐縮だが、私の母は昔の田舎のこととて小学校も途中までしかいっていない。そのせいでもあるまいが、子どもの通信簿を見ようともしなかった。何かのときに「あまり勉強すると上の学校へ行きたがるから困るんだよ」と言ったことがある。そのせいで私は遊んでばかりいた。その母が、私が学校で人並みの物を持っていないとこぼしたとき、「ばか者。貧乏人は貧乏人らしくするものだ。人の家と自分の家と一緒にするのではない」と一喝した。私はそのとき妙に感心して、まったくその通りだと納得したものである。何の変哲もない母の言葉に感心するのは、自分の人生を天から与えられたものとして、卑下するどころか、ありがたいと思って暮らしていたからである

世に普通の家庭はなく、個別の家庭があるのみである。人並みの人生も家庭もなく、自分だけの人生があるのである。

「いんねんは心の道」と教えられる。長い間の積み重ねの結果が、場所や時代や境遇を選んで現れてくることに間違いはない。

させていただく

ある人曰《いわ》く、「私の知人の奥さんに、最近いかがお暮らしですかと伺ったところ、おかげさまで元気に義母《はは》の世話をさせていただいておりますと、実に爽《さわ》やかな笑顔で返事が返ってきました。いまどき姑《しゅうとめ》の世話はたいてい、嫌々ながらやっているのが本当のところですよね。でも、あの人の態度は間違いなく本物です。さすがお道の信仰者ですね」と。

なるほど、これは大したものである。一般に「させていただく」という言葉には、へりくだった態度があり、そこには感謝とお礼の心がみえる。

民主主義は権利と義務を説く。しかし今日では義務を忘れる人が多くなった。また、義務を果たすにしても、権利のために仕方がないからするというのは本来ではなかろう。ところが、お道はそれよりも、権利を棚に上げて、人としての義務を神に誓って行うのだ。結果として神から人としての権利を頂戴《ちょうだい》している。私はこれが「させていただく」心だと思っている。

おさしづに、次のような一節がある。

石の上に種を置く、風が吹けば飛んで了《しま》う、鳥が来て拾うて了う。生えやせん。心から真実蒔《ま》いた種は埋《おぼ》ってある。（明治23・9・30）

人が認めてくれる、褒めてくれる、お礼を言ってくれる、そのためにするのは、石の上に種を置くようなものである、という意味になるだろうか。

私は、今日までのおたすけ活動のなかで、何とかたすかっていただきたいと、

させていただく

厳寒の冬の夜中に毎日、神殿で十二下りのてをどりを勤めさせていただいたこともあった。しかし、おかげさまでご守護を頂けたのは、当然神がたすけたのであって、私はその手助けをさせていただいただけである。

以前、教会の朝づとめに、徒歩で一時間もかかるところから参拝される人があった。この人は自分の家族のいんねんの自覚から、それを何年も続けられた。その間、何事に出くわしても一度も心はぶれなかった。なぜそれほど固い意志を持ち続けられたのか。それは「させていただく」信仰そのものだったからである。ところが、結果としての喜びは、形を超えた大きなものとして与えていただいたと聞かせてもらった。

真のお道の信仰は、そのすべてにおいて「神様のためにさせていただく」という心が大切である。それは、神様から身体を借りているという教えを真に心に治めたら、当然湧《わ》いてくる心情である。この通り方に間違いはない。

私たちは常識の世界で生きている。したがって、常識の分からない人には住みにくい世の中となる。しかし、常識は個々の喜び心を与えてくれる種にはならない。お道の信仰は、常に「させていただく」心なら、いくらでも喜び心を与えてくれる種が山になって埋まってある。

信仰は常識を忘れることではない。常識を踏まえながら生活し、常識を超えた奥深さをもって実践すべきが信仰である。そうでないと結局、信仰本来の意味が逃げてしまう。

ためしにかかる人生

私たちの感情においては、喜び心は悲しみ心、楽しい心は辛《つら》い心を体験していなければ感じられないと思う。悲しい、辛いという感情は、必要があって神様から与えられているのである。

要はそれらを、人生をよりよい結果に導くための糧《かて》とすることである。神様の望みは、喜びに反する感情を「ふし」として生かし、本来の人生の価値を得てもらいたいのである。そうなれば、面白くない感情も意味をもって生きてくる。それがなければ、ただ泣き叫ぶだけである。

教祖の逸話の中に次のようなお話がある。

ある人が、自分の病の平癒《へいゆ》を願い教祖の御前に伺った。教祖は、それは神のてびきと、ためしであると仰せになって、この世人間創造の神の話と、それに基づく生き方を教えられておたすけくだされた。しかし、完全にはご守護を頂いたように思えなかったので、日を経て再び教祖へ伺った。すると教祖は、それは、てびきはすんだのだが、ためしがすまんのだとおっしゃった。そして、ためしというのは、自分のことは棚に上げて、人をたすける心になることだと諭された。この人は教えられるままに人だすけに奔走し、結果として心身ともに健康にならせていただいた。それればかりか人生をもおたすけいただいた。

ここに教えられる筋は、信仰とはたすかりたいと願う心から始まり、ご守護を頂いて喜ぶが、これは神のてびきといわれるものである。てびきとは、病気や事情を手段として神の教えに近づかせること、本来の人の道へと神が手を引かれることである。ただし、てびきによってたすけられた喜びだけでは続かないとの仰せである。いわゆる心の成長がないと喜べなくなるのである。

そこで、ためしが必要となるのである。私たちは誰《だれ》しも楽を求め苦を厭《いと》う。だから率先して人のために苦労をしようとする人は少ない。率先してできる人は徳のある人である。ところが、私たちは百人が百人とも、悩みや苦しみを体験する。このときの考え方と行動が人生を左右する。こんなときこそ、神から本来の人生を歩むためのためしをかけられているのである。そして、このためしを超えたとき、本当の喜びが訪れるのである。

それは、たすけられた元一日を思い起こし、そのお礼として本来の人の道の行いを実践することである。その究極が「人をたすけて我が身たすかる」との教えである。人生において嫌なこと、悲しいことに出くわしても、神様はすべてためしと受けとめてくれと仰せられる。
ためしとは、真実誠の心や、努力する心を試されることだ。信仰も人生も、ためしにかかって成長し、真実の道を見つけるのであろう。
又しても苦労は、心で苦労して居たのや。楽しみ、心改めたら苦労あろうまい。（明治28・5・31）
私の好きなおさしづの一節である。

道と広場

道とは立ち止まる所ではなく、目標に向かって進むためにある。天理教の信仰をすることを「お道を通る」というのは、このことを意味している。

お道のたどりつく先は、神と人が共に楽しめる陽気ぐらし世界である。したがって果てしなく遠くて長い。しかし、その道中には進めば進んだだけ、道端に美しい花が咲いているのである。だからこそ、途中でいくらでこぼこ道があろうと、頑張って通り抜ければ「ほんに、なるほど」という景色を必ずお見せいただけるのだ。

一方、広場は進まないで集う所である。周辺の人も、景色もさほど変化を見せない。ご利益《りやく》信仰のままであったり、生き方の教えとする努力を怠っていると、まるで広場でたたずむような信仰になる。この世と人間は、天然自然の理として時間とともに必ず変化していくように創《つく》られているので、広場でたたずんでいれば、やがて調和がとれなくなってくる。教祖が「お道」と教えられたことは素晴らしい天理である。

部内教会の信者さんで、三十年間、自分の所属する教会の御用を一生懸命つとめながら、さらに上級である私どもの教会のうえにも骨身を惜しまずつとめてくれた人がいる。この人の口癖《くちぐせ》は「お世話になってたすけていただいたのですから、当然のことをしているまでです」とのこと。私はこの人には大いに教えられた。

考えてみれば、人の恩を、些細《ささい》なことでも強く多く感じ取れる人ほど幸せな人はない。そして報恩の行為によって、さらに心に充実感が満ち溢《あふ》れるのだ。いまもって私はこの人に感謝している。

どんな苦労があっても勇んで通るには、恩を感じる心を養うことである。その心は必ず、この世に真実の花を咲かせてくれるだろう。

道と広場

人の一生は長い道を歩むようなものだと、昔からいわれる。私たちの信仰は、その道に筋が必要であると教えられる。その筋とは親神様が定められた天理である。だからそこには私たち人間の考え、都合を入れてはならない。それでは道中の花も見られない。

私たちは広場の信仰をするのではなく、道に出て信仰をさせていただかねばならない。それには続く理を与えてもらうことだ。

次のおさしづが私の胸にずんと響く。

人間の理を立てるから、だん〱道の理が薄くなる。人間の力で通れるか。道の理が無けねば守護は無い。（明治32・6・27）

誰《だれ》がなんと言おうと、自分が通った道だけが自分のものであり、自分の「ものだね」である。それ以外の道の足し増しはない。

意義ある働き

定職をもたないでアルバイトで暮らす人をフリーターと呼んでいたら、新しくニートなる人々が現れた。自分の思い通りの仕事がないからとか、仕事はしたくないからという理由で、ぶらぶらできるのだ。景気が悪いと文句を言っているが、親のすねかじりで暮らせる世の中である。

私の若いころは、仕事もせず遊んでいることはとうてい許されることではなく、親たちも「遊んでいる者は食うべからず」と叱《しか》ったものだ。もちろん世間全般の空気もそうであった。さて、いまと一昔前と比べて、若者の人生と社会に対する責任感はどうであろうか。

かつて経済企画庁長官も務めた作家の堺屋太一《さかいやたいち》氏は著書の中で、次のように述べている。「人間にとって一番むずかしいのは、自分に一番適した仕事が何であるか分かることである。そして誰《だれ》もが本当のところは分からないまま、仕事をし続けてきているのではなかろうか」と。私もまったくその通りだと思う。

私は長年、天理教の教会長を務めてきた。いや、私の人生は布教これ一本といっていい。しかし私は、この職が自分に適任だとは思っていない。人だすけに携わる者としては、いつも神様にお詫《わ》びしながらの人生であった。それならどうして選んだのか。「めぐりあわせ」以外の何ものでもない。いまは運命によって与えられた人生と心から感謝している。

自分の好きな仕事に就けるのは幸せである。しかし、それが自分に適していなければ、やがて不幸になることもある。野球が好きでプロの世界に入ったが、どれほど努力しても適格な能力がなく去っていく人もある。その結果として、より悲惨な人生を歩む人も中にはいる。

こう考えてくると、仕事を選ぶのはむずかしい。最低限考えなくてはならないことは、自分の能力、性格、体力をあわせ考えることである。それでもむずかしいことである。

結局のところ、めぐりあわせが一番大きく左右している。そう思うと、神様は能力の範囲内ならば、どんな仕事でも努力次第で適応できるよう、人間を創《つく》られているのではなかろうか。

教祖は「人間はこの世に働くために生まれてきたのである。働くとは、はたはたを楽にさせることである」という趣旨のことを仰せられている。はたはたとは周囲の人、つまり他人のことで、楽をさせるとは他人の役に立つことである。

私たちの生きる目的は陽気に暮らすことだと教えられるが、それは遊んで暮らすことではなく、仕事をすることである。仕事とは、単に自分の生計を維持するためだけのものではなく、人々の役に立つものでなければ本来の意味をなさないのだ。だから、どんな仕事に従事していても、また無償の仕事に従事していても、いつも仕事に対する神様の思召《おぼしめし》が心に内在していなければならない。思召の内在している人の仕事は、必ず人々の役に立ち喜ばれるにちがいない。

人は誰でも自分の仕事が人の役に立ったとき、心に喜びが満ち溢《あふ》れる。そこに自他共に共有する陽気ぐらしが生まれる。要は働く姿勢が大切なのである。

世上は鏡

北海道のある病院の医師は、脳外科の専門で素晴らしい技量をもっている。接した医師たちはそれぞれに、「人格者であり、技量はまるで神様の域である」と言ってはばからない。

この医師は常々、手術医療は学問よりも技術の問題であるという。ちょうど、優秀な宮大工が素晴らしい建築をするのと同じだというのだ。だから立派な医師に育ってもらいたいがために、希望する人には自分の手術を傍らで見学させている。その光景は、医師を囲んで見学者が黒山のようになっているという。

土曜、日曜が休みの医師には、全国の病院から手術の依頼がたくさん来る。医師は行けるかぎり必ず引き受ける。だから年中休みなしの状況だという。

テレビの取材者が「家族団欒《だんらん》の時間はありますか?」と聞くと、「多分、家族にとってはあまりいい夫でも父親でもないでしょうね。しかし、この休みを利用して手術をした結果、一年で五十人余りがたすかることになるので、十年では五百人を超えます。たすかった人は本当に喜んでくださいますから、このうえなく嬉《うれ》しいですね」と答えている。私は感動した。私には現在、十四人の孫がいるが、この医師の話を聞いて、老後に孫の鼻をつまんで喜んでいる場合ではないと思った。心勇んで道のためにつとめなければなるまい。

人間は、自分や自分の家族のことしか考えないでいると、心は成長しない。その結果、喜びごともやがて逃げていくものである。人間はそのように創《つく》られている存在である。だから教祖は「人をたすけて我が身たすかる」とおっしゃって、人さまにたすかってもらう心や行動が大切であると教えられる。

道のためにつとめるとは、究極は世のため人のために心を尽くして、神様にお喜びいただくことである。では、とりたてて何の技量も力もない人は、いったい何をもって人をたすけるのか。

神様は、誰《だれ》でも人のためにできることを教えられた。それは祈りである。

祈りとは得てして、自分の願いごとのためにするものと思いがちだが、本来は世のため人のために比重を置くべきものである。人は誰でも自分が可愛《かわい》い。しかし、お道の人間は我が事に埋もれることなく、世に尽くすことを当然とし、誇りをもって生きるべきだ。お道の人だすけは、他人の運命を神様に変えていただくための手助けである。これほど素晴らしいことはあるまい。

二つの心の目

人間は自分の力で生きていると思いがちだが、どんな人でも天然自然の理には敵《かな》わない。昨今は地球温暖化のせいで自然災害も増えたといわれる。人によってはこれは人災だという。しかし私たちは、どこでどんなことに遭遇するか分からない。そしてひとたび災害に遭えば耐えるしかないのである。

生きるということは、自分以外によって起こされたことも受け止めなければならない。それは何も災害だけでなく、病気や予期せぬ出来事、事故も同じである。根本的には生まれた場所や、時、親を含めた条件も、まったく受ける以外にはない。実に人生は受け身なのである。だからこそ私たちは、成ってくることに対しての受け方が大変重要になるのである。私は、人生は受け方の上手《じょうず》、下手《へた》で、同じ状況の中でも天と地ほどの差ができてくると確信している。

Aさんは優れた才能を生まれ持ち、また努力の人であった。学校を卒業してある会社に就職してからは、年を追うごとにその才能を発揮して、やがて幹部の地位を得た。しかし、これからというときに予期せぬ大きな病に倒れてしまった。長い闘病生活の末、会社に復帰したが、もうそのときは以前の立場も失っていた。しかも周囲の雰囲気から、自分の出る幕は終わったと感じた。

「先輩は能力があるのに、会社もひどいものだ」と後輩が慰めてくれたが、Aさんは「いや、人の能力はすべてを含めたものだよ」と明るく笑ったという。

Aさんには絶望はなかった。環境や自分の体力を悟り、潔くその仕事を手放した。そして成ってくるのが天の理と悟り、この体力でも世のために自分を生かせる道を進もうと決意したという。信仰者であるAさんは、神様が進路を変更するよう促されていると心から受けとめた。Aさんは信仰をしているからこそ悟れたのである。だから誰《だれ》を恨むこともなく、前向きに方向転換ができたのである。

人間にはそれぞれ、二つの心の目があると思う。一つの目は、自分の心を思いのままに見る目である。この目は得てして、自分勝手に自分を評価し、客観的に自分を見られなくなる。それでは自分を正しく知ったことにはならないし、社会の中で役には立たない。独り善《よ》がりで空気が読めない人となる。

そこで、もう一つの心の目が必要になってくる。それは、自分の思いから離れて自分を冷静に見る目である。世の中で人々と共に暮らせるのは、この目があるからである。そしてこの目が平らかで優れていればいるほど、自分を知っていることになり、ひいては他人の心も分かるようになるのである。この目が正しければ自分がたすかるのである。

私たちは常々、信仰のおかげで自分を知り、いかなる場面に出くわしてもあわてることなく、人生の軌道修正をさせていただける。ありがたいことである。だからこそ、外から自分を見る目をしっかり、日々の生活の中で養っておきたいものである。

喜べる器

Bさんは三歳のときから親戚《しんせき》の家で生活をすることになった。母親が夫とBさんを残して出ていき、一人で育てることができない父親が親戚に預けたからである。Bさんは友達の家の親子団欒《だんらん》を見て、子ども心に寂しい思いをしてきたという。

中学を卒業すると就職することになった。Bさんの将来の夢は料理人になることであった。それは、人さまに美味《おい》しいものを作って食べてもらいたいと思っていたからである。

当時、料理人を目指すには料理屋の下働きから始めねばならなかった。そこでBさんは先輩に怒られながら仕込まれて修業をした。Bさんは生い立ちの苦労がかえって糧《かて》となって、どんなに辛《つら》い修業にも耐えたのである。

やがてその苦労が実り、Bさんは料理人として一人前となり、さらに立派な料理店を持つまでになった。そんなBさんが四十代半ばのころ、グルメブームとあって地方のテレビ番組に出ることになった。そのテレビ番組を見て、実の母親が自分の息子ではないかと面会を求めてきた。Bさんは快く応じた。

親子が会ったとき、Bさんは、小さいときは母親を恨んだと言ったらしい。母親はただ申し訳ないと泣くばかりだったという。Bさんは、いままでのことは水に流して、これからは仲よく自分の所で一緒に暮らそうと言った。母親は、息子夫婦や孫と一緒に暮せることに喜んで泣いたという。

　Bさん夫婦は共に店で働いていたが、奥さんもよく面倒を見てくれ、母親は何不自由なく幸福を感じていた。ところが、一年もしないうちに母親はBさんの所から出ていってしまった。結構においてもらっていることで、だんだん居づらくなったというのである。

　私はこの話を聞いて、どこの家庭でも一緒に暮らせばいろいろあるだろうが、この場合は天理だなと思ったものである。それは、この母親には、親として喜ばせていただく徳が少ないのではないかということである。母親の役割は、子どもを産むだけではなく、その子どもを親心をもって育てることにある。

　私たちの喜べる心は、いろんなお与えを頂戴《ちょうだい》するにふさわしい器をもっていなければ流れ出てしまうのである。

　世の中には、頂戴することばかりに目を奪われ、それが幸せの種だと勘違いをする人が多い。しかし、大切なことは、自分の心の中に喜べる器をしっかりともたせていただくことではなかろうか。喜べる器は、天理の教えに沿って生活をすれば必ず備わるのである。

元一日の心

お道では、元一日を心に治めて通ることの大切さを教えられる。

親神様がお現れくだされり、世界や人間の仕組みを天理として説かれ、たすかる心構えを教えられたのが立教の旬である。たすかるとは陽気ぐらしが分かることである。これが立教の元一日の心である。

したがって、お道を信仰する人は日々の暮らしにおいて、絶えずこの元一日の精神を忘れることなく心を立ち返らせることが大切である。

世の中も同じで、元一日の心を忘れるから「欲にきりない泥水」に溺《おぼ》れる羽目になる。喉元《のど》過ぎれば熱さ忘れるで、感謝も枯れてしまう。感動、感謝を忘れるから不平、不足が増し、面白くない人生が訪れるのである。

どんな人でも人生の転機となる喜びや決意はあったはずだ。お道の信仰をさせていただく私たちも、入信のときであるとか、身上・事情のときとか、将来への決意を持った瞬間があったと思う。それがその人の元一日である。そのときの心を終生忘れることなく、特に困ったとき、苦しいときにこそ思い起こし、勇んで行動に出れば、必ずそこから新しい芽が出て喜ばせていただけるのだ。また、いまが結構であればあるほど、元一日の心に照らして感謝し、より一層ご恩に報ずれば必ず徳を積ませていただけるのだ。

私は高校卒業を前に身上を頂き、寝起きしながらぶらぶらと過ごした。友が進学、就職と巣立っていくなか、心は焦っていた。その間、運命の問題、心の悩み

などについていろいろ考えをめぐらせた。その結果、私はみかぐらうたの、

なんぎするのもこゝろから
わがみうらみであるほどに
（十下り目　7）

というお言葉が強く心に染《し》み込んだ。これは教会という、信仰に満ちた環境で育った賜物《たまもの》だと、いまも感謝している。

その後、「成ってくるのが天の理」と悟った私は、「一生のうちでたった一人でもよいから、私によって人生がたすかったと言ってくれる人ができれば、この道を歩んだ価値がある」と道一条を通る決心をした。

私はこの元一日を忘れることはない。そして今後も、元一日の心で純粋さを忘れずに歩む気持ちでいる。実践での成長が止まると、不思議なことに元一日の心も薄れてくることがある。人間はそのように創《つく》られているものかもしれない。

いい格好をする

二〇〇五年四月から全国で市町村合併が相次いだ。これは地方自治体の財政基盤を強化するとともに、行政サービスの効率化を図ったものである。

以前、ある市政の責任者は「日本はバブル期を経験し、支出に対する感覚が麻《ま》痺《ひ》してしまった。各自治体では、住民の要望に応《こた》えたいためだろうが、競って身の丈以上のいろんな施設を借金してまで建設した。これが今日の財政赤字の一番の要因だろう」と言っていた。

いわゆるハコモノは、ひとたび建てると運営に費用がかさむ。私たちの家庭なら、返済できないような借金までして増改築などしないが、自治体では借金を先送りしても、担当者はその立場を去れば責任を持たなくて済むから安易になるのではないだろうか。こうまでして建てていくのは、責任者に多少なりともいい格好をしたいという心があるためだと思っている。いい格好と無責任が原因にあるように思えてならない。

いまの社会は豊かになって、格好をつけることに走りすぎたところがある。ところが、私たちの社会は何かにつけ、この格好をつけることが生活のうえで重要な位置を占めている。たとえば、大所高所からものを論ずる有識者でさえ、俺《おれ》をさしおいて一歩先に出たといって怒る人もいる。自分のいい格好を潰《つぶ》されたというわけだ。プライドという言葉でカモフラージュしているが、偉そうにしたいだけである。特に輝かしい過去を持つ人には、そのときのいい格好を手放すことはなかなかむずかしいようだ。
このように、いい格好をしようとすると、私たちはかえって苦しさを味わうこ
とも多く、ついには自分を見失うことさえあるのである。
教祖は心のほこりについて、をしい、ほしい、にくい、かわい、うらみ、はら
だち、よく、こうまんと、分かりやすく八つに説き分けられているが、このいい
格好をしたいという心は、高慢に当てはまると思う。八つのほこりの最後に挙げ
られているところから、これは大きな、しかも払うことがむずかしいほこりだと
私は悟っている。
何もいい格好をすることが皆、悪いというのではない。少しおしゃれをして楽
しむことなどは、人にも好感をもたれ、ほほえましいかぎりである。しかしそれ
は、必ず自分の身の丈に合ったものであるべきである。また素晴らしい内容を

伴ったいい格好は、多くの人々に感動や勇みを与え、喜び心を湧《わ》かせるものになるだろう。

いずれにしても、虚栄、虚飾の現れとしての格好づけのほうが多いものである。

教祖は「絹のような人になったら、あかんで。………木綿のような心の人を、神様は、お望みになっているのやで」と仰せられて、高くなる心を戒められている。それは外見の見栄《みえ》のために自分を見失わず、どんなに結構な身分、状況になろうと、常に低い、やさしい心で生活をしてこそ、本当の楽しみ、喜びが与えられると教えられているのである。

活気ある心

去る四月、中国・上海《シャンハイ》へ行った。いつもと同じように活気に満ちていた。活気があるとは、単ににぎやかであることとは異なり、将来への希望や夢が感じられるということだ。

日本の高度経済成長期もまた、より豊かな生活を求めて国全体が活気に満ちていた。その後、バブル経済がはじけたとはいえ、世界が羨《うらや》む結構な社会であることに変わりはない。だがそこに、より贅沢《ぜいたく》のための苦労が生まれたようだ。

古代ローマが繁栄したとき、パンとサーカスが盛んになったと揶揄《やゆ》された。すなわち美食と娯楽にうつつをぬかすようになったのである。その結果、活力がなくなり衰退する羽目に陥った。

ある程度の目標が達成されると、活力はなくなる。また、形あるものには限りがあるので、今度は自分の周りに欲望を追い求めるようになるのだが、そこからは活気は生まれてこないだろう。

こうして成り立った今日の爛熟《らんじゅく》社会は、自分に甘く、自己中心的な人を多く輩出する。そんな環境で生を受けた人には、無気力で退廃的な人が増えてくる。活気の衰退どころか、道徳心も失われてくるのは当たり前だろう。やはり本当の活気ある心は、真実の道に根ざした目標に向かうところにしか生まれない。この心を持つ人は、たとえ形ある目標が頓挫《とんざ》しても、根本的な人生の指標があるかぎり、必ず活気のみなぎった生活ができる。

真実の道に根差した目標とは、良い種まきをすることである。良い種まきとは神様に喜ばれる行いである。それは現在、お道で提唱されている「感謝、慎み、たすけあい」の行いであろう。
私たちは今日の恵まれた中で、物を大切にして生活を慎み、自分の態度を慎むことが大切である。そして自分の力で生きていると過信することなく、すべてのものが与えられて生かされているということを自覚して、感謝の念を持つべきである。そして、皆兄弟姉妹《きょうだい》なのだから、たすけあいの心で、人をたすける行いをすることとである。この目標に向かって努力するとき、活気が生まれ、生きがいを与えられると私は確信している。

活気ある心

さて、信仰させていただいているお互いは、果たして日々活気ある心を持ち続けているだろうか。感謝、慎み、たすけあいが、ぶれていないだろうか。

信仰の年輪を重ねているうちに、いつのまにか自分の思いを優先していないだろうか。これでは活気が失せてしまう。輝きも魅力もなくなる。

みかぐらうたに、

よくがあるならやめてくれ
かみのうけとりでけんから
（九下り目　4）

とあるように、自分に都合よくならないこともあるからこそ天理である。

教祖は、自分の生活を常に天の定規に当ててくれと仰せられる。活気のある生活は陽気ぐらしである。活気のある心は天理に則した行いにあって、不変のものである。

この天理は一部の人のものではなく、すべての人のためのものである。

ほこりを払う

私はかつて、中南米の国々を教理講座のために回らせていただいたことがある。そのときの、ペルーの首都リマの街角での出来事である。一台の交通違反車が警官に呼び止められた。車から降りてきた運転手は、すぐポケットからお金を出して警官に渡した。金を貰《もら》った警官はすぐにその違反を許して去っていった。街角の多くの人はそれを見てニヤニヤ笑うだけだった。貧困のせいなのか、治安の悪い所では不正に麻痺《まひ》しているのだろうか。

アフリカのある国では、他国からの救援金を政府高官がネコババしていると聞いた。飢餓《きが》で死者が出ても平気でそれをやっているらしい。

このように大小にかかわらず、公務を悪用して私腹を肥やすのは汚職である。ところが、汚職は貧困だから生まれるというものではない。昨今、我が国でもいろんな役所、公団などで汚職がはびこっている。洋の東西を問わず、貧富の差にかかわらず、人間の欲望には際限がないということだろうか。他者への思いやりの心を忘れ、我が身さえよければそれでいいというのだろうか。お道ではこれを「かわいい」のほこりという。

「八つのほこり」についていえば、世のため人のために出し惜しみをする心、与えもせずに欲しがる心、罪を憎むのではなく自分が気にいらないと人を憎む心、身びいき身勝手で可愛《かわい》がる心、自分の思いに反すると人を恨んだり、腹を立てたりする心、こうしたほこり心は根の部分ですべて、最後に教えられる「よく」と

「こうまん」の心に帰するのではないかと思っている。「よくにきりないどろみづや」と教えられるように、欲の心とは、あれば満足するものではなく、もっともっとと膨《ふく》らむものだ。

ほこり心を無くするのが容易でないことは神様もご承知である。ほこりは意識の有無にかかわらず積もるものである。そこで、ほこりを払う努力をさせていただこうと教えられたのである。

ほこりを払う努力とは、真実の心を表に現すことである。神様は、身体《からだ》は神からの借りものであることを教え、当たり前と思わず感謝をして生活するようにと教えられた。それは直接神様に真実を表すことであるとともに、神様のお望みである、人のために真実を出すことである。真実の心の働きのある人は、自《おの》ずと悪事のできない徳が備わっているものである。

守って守られる

人間の身体《からだ》は、細かな細胞が分裂を繰り返し、たくさんの細胞となって構成されている。人間一人の細胞の数は六十兆にも及ぶといわれている。その細胞たちは体の各部で人間が生きていくために必要な働きをしてくれているのであるが、その場所によって働きの内容が違ってくるのである。たとえば心臓を構成している細胞は、心臓の働きのためにだけ働くのであって、決して目のための働きはしない。もし心臓の細胞が、心臓のための働きをしなければ、たちまちその細胞は生きておれなくなるだろう。

心臓が活動していくために、心臓を構成している細胞は懸命に働いているのだが、それはまた、働いている細胞は心臓の一員として守られ生かされていることでもあるのだ。

これは心臓と人間の体全体との関係でも同じことがいえる。心臓は人間自身を生かすために懸命に働くことによって、体によって守られ生かされている存在であるのである。

個人と他人との関係もこれに当てはまる。これは人間存在の原則といってもよい。個人は自分のことだけを考えるのではなく、自分に関係する人々、集団、社会のことを考え、支え、守っていく努力をすることによって、自らが支えられ守られているのである。人間は支え合わなければならないよう、神様から創《つく》られているのだ。ここにこそ人としての意義があり、真の陽気な生活が訪れることにもなると教えられているのである。

昨今、暗い事件が多い。しかもだんだんと凶悪さも増している。一言でいえば自分勝手が増えたのである。人として最も大切な心が貧しくなったのである。

それは、今日の教育現場にも現れているのではなかろうか。

心ある人は徳育が大切だという。辞書によれば、徳とは「道をさとった立派な行為。良い行いをする性格。身についた品性」などとある。良い行いとは何か。いまはその定義があやうい。それは、生きる目的が天然自然に合っていないからである。やはり心の道には、間違いのない定規が必要である。それは神様の教え以外にはない。

親神様は、互いに立て合いたすけ合って生きるのが人間の本当の姿であると教えられた。良い暮らしを求める前に、何のために生きるのかを考えることが大切だということである。

　今日は人間の知恵も発達してきた。でも残念ながら、深みは足りないようだ。計算は鋭くなったが、計算は人の心に冷たさをもたらす。結果として冷たさは人と人との縁を切る。

　よく、自分は十分楽しんで暮らしているし、人の世話にもならないので、他人のことまで考えないという人がいる。

　私は、自分が結構であればあるほど、神様に感謝し、他人のために身をけずることを忘れてはならないと確信している。これは大きな徳になるに違いない。

天の帳面

私が教会長になって三年を迎えるころだった。Nさんという八十歳になる人が病気になって入院したと聞いた。Nさんは農家の人である。教会には年に一回、大祭時に参拝される程度で、おぢばには一回帰られてよふぼくとなっていた（当時、北海道からの帰参者は一カ月内に続けて満席まで運べた）。病名はいろいろあって、医者は、長い間放置したのでもう手遅れだと言った。

私たち夫婦は毎日、交代で病院へおたすけに通った。おたすけに伺うと、Nさんは大変喜び、お礼を包んでくださる。それも少なくない額だった。

何日か経《た》ったころ、私は「いまおぢばでは、礼拝場の普請がなされているが、その普請にお供えをさせてもらったらどうか。おぢばの礼拝場は多くの人が参拝し、たすけていただく所。そのために尽くすのは立派な人だすけになりますよ」と話した。

その帰り道、私はハッとした。教会長である私自身が、果たして本当に心の底からぢばの理を身に感じて信仰しているだろうか。私は人に言う以上、自分自身が心を改めなければと思い、ぢばへの伏せ込みのため、ある心定めをさせていただいた。

後日、妻が病院へ伺うと、Nさんは大きな包みを差し出し、「一生のうちで一回くらい、よいことをしておきたい」と言われた。私たちは早速、お供えを送らせていただいた。

結果として不思議なご守護を頂き、一カ月半後、Nさんは退院した。当時教会では、この話で皆が勇んだものである。Nさんは以後、九十歳まで元気に過ごし、神様のご守護のありがたさを胸に、やがて静かに出直したのである。

私は本当に、Nさんはぢばの理を戴《いただ》いてたすかったと思っている。本人もおぢばへ帰ったとき、子どものように目を輝かせていたものだ。私も、「ああ、おぢばは何というところだろう。この世で心から慕《した》って帰れる場所をお与えいただき、私たちはありがたいことだ」と、つくづく思ったものである。

ぢばは、親神天理王命がお鎮《しず》まりくだるところである。お互いに真剣にこのことを心に治めて、純粋な心で尽くし、運ばせていただかねばならないと思う。

本部のある先生が、少々身上がちな人に対して、おぢばへ帰ったら朝昼夜と、できるかぎり何度でも神殿へ参拝しなさいと言われたことがある。それを聞かせていただいて私も、なるほどと思った。少しでも多くぢばの理を頂戴《ちょうだい》することが大切である。

とにかく真実の道は理屈ではない。自分がつとめただけは必ず、天の帳面には付いているのである。つとめただけが返ってくるぢばの理を信じて、実行させていただきたいものだ。この道は自分が通っただけしか自分のものにはならない。

我が身うらみの心

ある子どもが心臓の手術を受けた。事前に検査した結果、問題はないとの結論を得ての手術であった。だが、手術をしてみて、検査では発見できなかった別の問題個所があることが分かったのだ。術後二日目に異変が起き、心臓が停止したので人工呼吸器をつけることとなった。

私と妻は、毎日消毒を施して、集中治療室でおたすけに当たった。そのとき、いつも同じ医師がいて、私たちに「どうぞよろしくお願いします」と言ってくれていた。一週間ほど過ぎたころ、両親が呼ばれたので私も同行した。そのときもその医師であった。この医師は主治医ではなく、担当した医師が学会出張のため不在とのことで、部下だから代わって話をしたのである。

話は、患者の蘇生《そせい》は不可能だから人工呼吸器を取り外したいということだった。聞かされた母親は泣きながら、「手術をしたら治ると言ったじゃないですか」と詰め寄って叫んだ。ところがその医師は、自分が主治医でもなく、しかもどうしようもない疾患があったことなど何一つ弁解せず、涙を浮かべながら「申し訳ありませんでした」と謝った。医師の態度は本当に真摯《しんし》に見えた。

私はこの医師が一生懸命、交代を断り夜勤までして診てくれていた事実を知っていたので感動した。潔さを感じるとともに、思いやりの心を持ち合わせたこの医師の人生には、必ずや喜び心が多く訪れるだろうと思った。そしてこの心は、お道の「我が身うらみの心」に相通じるものでもあると思った。

なんぎするのもこ、ろから
わがみうらみであるほどに
（十下り目　7）

と、みかぐらうたにある。私たちは人生で困ったとき、苦しんだときに、自分に落ち度のない場合はたいてい、自分以外の状況や、相手に原因を求めがちである。しかし、それでは根本的な解決にはならないと仰せなのである。神様は悩む人自身の心の問題、心のあり方にも原因があるといわれているのである。

得てして私たちは、自分のことは分かっているようで、案外、分かっていないものである。自分を贔屓目《ひいき》に見てしまうのである。これは悟りの深さの問題である。悟りの深い人は、ものごとを見たり判断したりするのに重層的、多角的であり、かつ全人的だから自分の非が分かる。

こう見てくると「我が身うらみの心」とは、思わぬ事態に出くわしたときに、自分が至らないからだと悟る心とも言えるだろう。この心をつくるには時間がかかるかもしれない。また、運命を潔く受ける心も必要だ。

自分が至らないと悟れば、社会も人も恨まない。他人の人生を羨《うらや》まない。これは大きなたんのうの心につながり、将来の喜びの種蒔《ま》きとなる。またこの悟りは、無用なほこりを積まないから心晴れやかになる。そのうえ徳も備わるので、我が身うらみの心を持てる人はたすかりやすいのである。

今日は、恨み腹立ちの多い世の中だ。おかしな世の中は皆が力を合わせて変えていかねばならない。それは社会生活をする者の義務である。しかし、どんなに世の中が変わろうとも、一人ひとりの心定めが第一である。その心のあり方の一つとして「我が身うらみの心」を持てれば、必ず人生をより生かしてくれるものと私は信じている。

価値ある伝え

私が地方へ講演に出かけたとき、ある婦人から次のような話を聞いた。

「二カ月前、息子が朝起きて新聞を読んでいると、急に胸の痛みを訴えて倒れ、そのまま帰らぬ人となってしまいました。死因は急性心不全でした。まだ三十歳を過ぎたばかりでした。私はこの二カ月間悩み続けました。熱心に信仰を続けてきた私が、どうしてこういう事態を見なければならないのだろうか、と。ところが最近、気がついたのです。それは、息子にとって私は生みの親ではあるけれども、命の親ではなかったということでした。息子は私の信仰には大変理解を示してくれていましたが、一家の信仰はお母さんが代表でしてくれれば、我々は協力するくらいでよいのではないか、という考え方でした。それで私もそうだなあと思っていましたが、いまになって息子への伝え方が間違っていたことに気がつきました。私が親神様の手を握っていても、息子はその私の足にぶら下がっているようなものだったのですね」

私はこの話を聞いて、よい悟りにたどりつかれたと思った。

もちろん、この息子さんが信仰をしなかったから出直したということではない。この母親も、そんな考えをもっているわけではない。ただ熱心な信仰者である母親は、人生はその人の持つ徳、不徳がすべてに影響していることを自覚しているからこそ、息子の人生のために、もっと徳を積ませるように伝え導くべきだったと悔やんでいたのである。

この世をお創《つく》りくださった神様が、教祖のお口を通して、初めてこの世の真実の話を取り次がれたときのことを立教というが、それはすべての人、一人ひとりの前に手を差し出してくださったときでもある。だから私たちがその手を握れば、親なる神はしっかりと握り返して、陽気ぐらしの世界に引き上げてくださる。すべての人の生命の親の手は、すべての人が直接握る必要があり、それでなければたすけ上げられないということである。そこに人としての本来の徳を頂戴《ちょうだい》できる姿がある（ただし、十五歳までは親の責任と教えられている）。

こう見てくると、信仰を伝えるということは、ただ単に教えを聞かせるだけのものではない。知識を蓄えるためのものではないのだから、やはり人生をたすける、たすかるものにしなければ本来の意味をなさない。

ここで大切になってくることは、相手に信仰を実践していただけるように伝えることである。人は、上手《じょうず》に話せば感動し信頼してくれるというものではない。やはり話す人が、この教えこそ真理であり、本来の生き方であり、たすかる教えだと信じて伝えることが大切である。信念のない者の話はたすけの話として伝わりにくい。

私たちは得てして、先の婦人のように伝える力が乏しい。それは、たすかるという信念に不安があるからだ。そこには当然気迫が失せる。人は誰《だれ》もが本質的に気迫に引きつけられる要素を有している。親の信念、気迫が本物ならば、子どもは親の信念を尊敬し、親を立て、親孝行をなすことになるだろう。

私たちは、本当に相手の人生をたすけたいと思うならば、相手の調子に合わせるのではなく、本来の伝え人になるよう頑張りたいものである。

徳育とは

衛星放送の番組で見たドキュメントである。

フィリピンは大小の島々から成り立っている。そのせいか島によっては格差があり、ある島は土地は痩《や》せ、政治問題もからんで大変な貧困を抱えている。そんな島に住むある家庭では、生計が立たないからと十歳の長男と八歳の長女の二人を、遠く離れた別な島の親戚《しんせき》に預かってもらった。その家も決して裕福ではないが食べさせてもらっている。女の子は何とか学校へ行かせてもらっているが、男の子は行きたい学校もあきらめ、毎日市場でビニール袋を売って歩いている。日本では買い物をすれば無料で袋に入れてくれるが、フィリピンでは一枚いくらで売っているのだ。男の子は毎日、朝から袋を売ってわずかの金を稼ぎ、親元へ仕送りをする。痩せた土地しかない親の収入は、この子が送る金よりも少ないという。そのうえ母親が病気になって借金ができ、いよいよこの子の袋売りに責任がのしかかってきた。

兄妹は母親に会いたい、一緒に暮らしたい一念で、どうにか海を渡って家に帰り、母親と抱き合って泣いた。母親も泣いた。しかし、どうしようもない現実は親から子どもを引き離す。子どもはまた、自分の境遇を恨みもせず、母親をたすけてあげなければならないと、一心になって仕送りの生活を続ける。

私は胸が熱くなった。悲しい境遇だが、この子たちはきっと立派な大人になるだろう。普通の子は楽しく遊んでいる時期に、文句も言わずに我慢し、けなげに親のために尽くす姿は痛々しいが、私たちに感動を与えてくれる。この子どもは心に徳を備えていると思った。

私はこれまで、子ども時代に親に捨てられて育ったある人が、ぐれるどころか立派な大人になった姿を見聞きしてきた。その人は、他人の家庭の温《ぬく》もりを見ながら自分の不幸な境遇を感じて育った。しかし、人の痛みが分かる人間に成長したのである。そして、人さまに喜んでもらう仕事と温かな家庭を目指して歩んだ。その結果、どんな苦労も惜しまない立派な人生を通っている。

「苦労はものだね」と聞かされたことがあるが、この苦労は自分だけのためのものでは「ものだね」とはならない。世のため人のために尽くす苦労でなければ、充実した人生にはならないと思う。この世は、自分の力だけでは人生は守れない。我が子の人生も、親だけでは守れないのである。

過酷な運命を恨まず、苦労できる人は徳がある。ではその徳はどうして備わったのだろうか。生まれ持ってのものもあるだろうが、親や家族が徳育を施したのではなかろうか。

今日の私たちは、結構に慣れて人の道を失いつつある。裕福であっても喜び心が湧《わ》いてこない。これは心の徳が切れている姿だと思う。

心の徳は積まねば備わってこない。そのものだねは、お道の教えに基づき、実践するところに与えられるのである。これが人生に必ず必要とあれば、子どものときから徳を備える育て方は大切である。

そしてこれは結局のところ、親なり育てる人の生き方そのものを見せる以外、伝わらないのではなかろうか。

用意する心

「偶然は用意した人しかたすけない」。これはギリシャのある哲人が言った言葉である。この言葉に出合って私は唸《うな》ってしまった。

用意とは何だろうか。偶然とは計算のできない現れごとである。誰《だれ》の人生にも必ず出くわす偶然に対して用意をするとは、常に慎重で周到な心構えと態度を持てということなのか。そうすれば自分にとって思いがけない事態も大過なくたすけられるということなのか。

信仰をしている私は、この言葉からすぐ次の言葉が浮かんだ。それは、「運命は用意した人しかたすけない」である。これは私の考えである。どれだけ有能であろうと、地位や名誉、財産があろうと、一人ひとり独自の運命を与えられて私たちは生かされている。逃げられるものではない。その運命から人生をよき方向へ持っていければ、たすかることになる。

そこでたすかる種ができれば、植えて成長させねばならない。このことをお道では、徳を積むというのではなかろうか。人として生きているかぎり、誰《だれ》もが楽しい人生、楽しい家庭を求めているが、その努力をしても、そう成ってこないのは徳の切れた姿である。どんなに知恵を働かし、良い方法を考えても、心の道を失っていればそれは何の役にも立たない。

親神に生かされている私たちは、創《つく》り主の創られた思いや目的に沿って生きることが徳を積むこととなる。その一つは、身体《からだ》を借りていることへの感謝とお礼の態度であり、もう一つは、同じ親を持つ人間は兄弟だからたすけ合うということである。たすけ合う心は、まず自らが人をたすける心にならねば成就できるものではない。その結論として、心の芯《しん》から喜べる人生は、人に喜んでもらいたい心で実践した結果与えられるものと教えられたのである。

この徳を常日ごろからこつこつと積むことこそが、用意している姿だと私は思っている。徳を積むには見返りを求める心では駄目だ。一筋に尽くす心でなければならない。また感謝の心も必要だ。私たちの心は実に弱い。だからこそ人生も信仰も、大局を見据えた心定めが必要なのだ。

人は勇んでいるときは目標に燃え立っている。勇みの失せた人生は陽気ぐらしも遠ざかっていく。

私たちは、心を定めて一筋に歩む喜びを身につけたいものだ。

お道らしさ

おしどり夫婦がいた。夫婦共働きで長い間苦労されてきた。夫が定年を迎えたとき、それまでのお礼とこれからの門出のために、夫婦は一緒におぢばへ参拝した。

そんなとき、妻の身内で自営業を営んでいた人から、資金繰りに困っているのでお金を貸してほしいと言われた。退職金を見越していたようだ。将来の目算は十分立っているし、必ず返済するからと強く言われたので貸した。しかし、結果は倒産。お金は返ってこなかった。

ところが夫は、妻に文句どころか愚痴《ぐち》もこぼさず、「神様が自分たちに、そんなお金は持たなくてもいいんだよとの仰せなんだ」と明るく言ったという。

その後も、夫婦仲むつまじく、いつもと変わらず共にパート仕事をし、一家揃《そろ》って信仰にもいそしんで暮らしていた。

私はこの話を聞いて、本当に潔い人だと思った。果たしてこんな状況に出合ったとき、妻に文句や愚痴の一つも言わないでおれるだろうか。長年働いての退職金である。本当のおしどり夫婦とは、こんなときこそ思いやりの姿が現れるものだと思い、私は大いに反省した。そして、お道らしい人だなあと大変嬉《うれ》しく感じさせていただいた。

この人たちの息子は、やがて結婚し別のアパートで生活していたが、いずれ祖母や両親と一緒に住みたいと言っていた。当然、その費用は息子夫婦が働いてローンを組むのである。そして最近、立派に新築をした。

息子たちは親に喜んでもらいたい一心である。息子は家庭の状況から大学には進まなかったが、家族思いなのである。私はやはり、親夫婦が仲良く正しく人の道を歩む姿を、後ろから見てきた結果だと思っている。

信仰で大切な悟りの一つは、「成ってくるのが天の理」ということである。自分の能力、意志、そして正しい行動、それらが万全と思われても、人生には予期しないことが現れてくるものだ。成ってきたことは覆《くつがえ》らない。そんなときは、いんねんを自覚するとともに、先の楽しみのため神様から与えられた状況として受けることだろう。この夫はそれができたからこそ、よい悟りができたのである。

この世で納得し、しかも充実して生きるには、あらゆる角度から原因の究明は欠かすことはできない。しかし、与えられた状況のなかで将来を見据えた建設的な心持ちは、もっと大切かもしれないのだ。

私たちの周辺では、いつも笑顔で親切な人を「お道らしい人」と言う。お道らしさとはその定義は広いが、教祖のひながたに照らしてみて、根本的に人をたすける心と行動のある人のことだろう。

その意味では、時にはお人好しで損をすることに納得する人や、常に許す心を持っている人は素晴らしく、それこそお道らしい人である。

殺伐《さつばつ》とした世の中になったが、たとえどんな世の中になっても、幸せのためにお道らしさは大切である。

勇める信仰

ある夫婦に一人息子がいた。目に入れても痛くないほど可愛《かわい》がっていたその子どもが小学生のとき、むずかしい病気を患った。ある日突然発病したのである。この夫婦は一瞬にして奈落の底に突き落とされた。どうしてこんなことになるのかと、二人は自らの運命を呪《のろ》った。

そんなとき、私と出会った。

私は「どうして自分たちにこんなことが起きるのかと、いくら運命を呪ってみても、それは天に向かって唾《つば》を吐いているようなもので、解決にはならない。ここは運命を変えていただくために親として最大の努力をして、命を授けてくださった親神様に祈ることこそ、本当の親の愛情ではないでしょうか」と話した。そして夫婦はお道の信仰をさせていただくことになった。

やがて夫婦はよふぼくとなり、家に神様をお祀《まつ》りする日がきた。一家はにぎやかに楽しく神様の前でおつとめを勤めた。おつとめのあと、ご主人は私に向かって「ありがとうございました。今日からの私の信仰は、私の子どもの病気が治っても治らなくても続けます」と話した。教えを深めていくうちに「人間の生命の歴史は生まれてから死ぬまでではない。だからこそ運命もあるのだ」と心底悟れるようになったという。だからこそ、このような言葉が出てきたのである。すると奥さんからも「子どもの病気はいまも辛《つら》いのです。子どもの姿を見ていると心が痛みます。でも、お道の信仰をさせていただいて夫婦でいろいろ悟らせていた

だき、我が家が明るくなった面もあります。ですから感謝させていただいていま
す」との言葉があった。

夫婦のこの心は、みかぐらうたの、

むりなねがひはしてくれな
ひとすぢごゝろになりてこい　（三下り目　6）

に通じる。この世と人間は、天の摂理に基づいて創《つく》られている。私たちの生き方は、その指針を天理に合わせて考えめぐらすのである。無理な願いとは、自分の都合を天理より優先する心である。神は自分の勝手を優先する心ならば、信仰しても受け取れないとはっきり教えられているのだ。この天理に沿う心こそ一筋心である。

ところで、不思議なことに、この時期から子どもの病気がみるみる回復の兆し

をみせ、その後一年を待たずに全快したのである。これには医師も驚いた。

私は、たすかって当然だと思っている。絶対に変わらない一筋の心。どんな苦労のなかでも感謝する心。これに勝るものはあるまい。私はこの夫婦の信仰のあり方こそ、手本にしなければならないと思っている。

私たちの現実は、百人いれば百人とも、思うようにならないことが起きる。しかし私は、思うようにならないからこそ守られているようにも思っている。思うようにならないからこそ、心の成長をみる。心の成長なくして充実した人生はあり得ない。

独り善《よ》がりの信仰をするのではなく、一筋心の信仰をするとき、心の底から勇みが湧《わ》いてくるものである。

結局めざすもの

過日、中国から小冊子が届いた。その中に次のような話が載っていた。

張《ちょう》さんは十七歳の夏、友達とプールへ遊びに行き、飛び込もうとした瞬間、視界に入った人を避けようとして水深の浅い所へ頭から飛び込んでしまった。第四、第五頸椎《けいつい》を損傷し、以来寝たきりの重度身障者となった。息子の看病に疲れきった両親は離婚、彼は帰る場所がなくなってしまった。引き取り手のない彼のベッドは、病院の救急治療室の片隅に移され、そこで五年間という年月を過ごすことになる。

生きる希望を失い自殺を考えたこともある彼は、だがそこで生命に対する考えを根底から覆《くつがえ》す光景を目にした。救急治療室に運ばれてくる患者の中には、治療の甲斐《かい》もなく亡くなる人が毎日何十人といる。生命とはこんなものかと思ったとき、いま自分が生きているということは何と幸運なのだろうと思った。それ以来、彼はベッドの上で唯一自分でできる読書を始めた。その後一年経《た》って退院したが、もちろん車椅子《いす》である。彼は、自分が世の中で必要とされているから生命を頂いているのだと悟り、人の役に立てる仕事をしたいと、翻訳家を目指して猛烈に英語の勉強をした。そして遂に翻訳家となった。彼のことが北京《ペキン》のあるテレビ番組で紹介されたことから、先天性の障害をもつある女性と文通が始まり、互いに励まし合ううちに愛情が育《はぐく》まれ、やがて二人は結婚した。張さんは「運命の不公平を呪《のろ》ったこともあったが、いまではそれもすべて妻と出会うためだったと感謝している」と語った。

読後の私は、一服の清涼剤をもらった感じであった。身体《からだ》の障害は辛《つら》い。しかも肉親や社会からも見放されては生きる希望も失せる。そんな過酷な環境のなかで、生命に対し感謝の念を湧《わ》かすとは偉い。世界にも道ありといわれるが、まさにそうである。

張さんには、お道で教える勇み心がある。勇み心とは奮い立つ心である。神様は、勇む心は神心と仰せになる。勇み心は、生きるために最も大切な心であり、喜び心に優先する。その勇み心は、他人の喜ぶ姿のなかに、自分の喜びを見いだそうとするときに発揮できるのである。その意味で感謝の念は必要で、感謝のできない人は心が貧しい。貧しい心の人には勇み心は湧かない。私たちがおさづけを取り次がせていただくのは他人のためのみであることを考えるとき、教祖が人生を通るうえでの究極のあり方として、勇み心を教えられているものと悟らせていただいている。

張さんは辛くてもあきらめなかった。この心は神の受けとる心であろう。だから私たちは、いまがどんなに思いどおりにならなくても、これからの心さえ持っていたならば心配はないと悟り、ただひたすら勇んでいくべきである。そこには必ず神様も共に喜ばれる結果が現れるのである。

第三章

道を振り返って

心のルーツに母がいる

私は兵庫県の北端、日本海が間近に迫る豊岡《とよおか》市の生まれである。両親は大教会に住み込んでいたので、私は大教会で育てられた。

太平洋戦争が終わったのは小学四年生のとき、そこから苦しい生活が始まった。人よりみすぼらしい服装であったり、文房具がなかったり、学校へ弁当を持っていけなかったり……。私は劣等感をもっていた。劣等感をもちながらも、これは仕方のないことだと思った。この境遇は自分に与えられたものだと思った。そのうち耐乏生活にも慣れ、劣等感もなくなってきた。

ところが小学六年生のとき、父が病気で出直した。どうしても高校だけは卒業したかったので新聞配達をしながら通った。ちなみに当時の新聞配達の給与は月に七百円くらいで、高校の授業料は月に六百円余くらいだったと記憶している。毎朝四時、なかなか起きない私を起こしてくれたのは母だった。

その母の思い出で、忘れられないことがある。

それは、私が高校生になったばかりのときだった。

親と死別した一歳を過ぎたばかりの子を大教会で引き取り、私の母が親代わりになった。

それからは、年齢の離れた兄弟同様の生活が始まった。その子が三、四歳のころであっただろうか、気がつくと、いつもその子が身に着けている服は、よその子が着なくなったのを修復したものばかりであった。私はそのことを母に尋ねた。

そのとき母は、「私はこの子が本当に可愛《かわい》いからしているのだよ。こんな幼児のときから親と別れなければならないというのは、この子は徳が少ないからだと思っているのだよ。この子が大人になったときに幸せになってもらいたい。だからこの子の徳積みになればと思ってしていることなのだよ」と言った。

私は少なからず衝撃を受けた。母の行為の信仰的な意味合いは、当時よく分からなかったが、私なりに感じる何かがあった。だから高校卒業後、病気になって休養しながら将来について悩んでいたとき、「私はお前がどんなに良い仕事に就くよりも、お道の布教師として通ってもらうほうがいいと思っているのだよ」と言われた母の言葉が心に響いたのだった。

無学なうえに上手《じょうず》に振る舞えず、何ひとつ布教のうえに実績らしいもののない母だったが、その口から愚痴《ぐち》を聞いたことは一度もなかった。どんなときにも、

「こうしてお道を通らせていただいて、ありがたい、ありがたい」と明るく振る舞う母から、私は信仰者の姿を感じていた。このことが、私なりに今日に至った、心の元一日であると思っている。

札幌での布教

二十歳になって新年を迎えたとき、大教会長様から「札幌分教会から養子にほしいと頼まれたが、行かないか?」と言われた。

私のような至らない者にこう言っていただいてありがたいと思ったが、私は悩んだ。とてもそんな器ではないと思っていたので困惑した。そこで思案に思案を重ね、成ってくることは神様の思召《おぼしめし》と悟り、承諾させていただいた。

養子縁組が終わると、義父から「これからは学問も大切だから」ということで、すぐに天理大学へ入ることを勧められた。そして大学を卒業し、二十四歳から本格的に札幌での生活が始まった。

札幌分教会の会長であった義父は、若いころは漁師だったが、十九歳のとき船のマストからあやまって甲板に落ち、それ以来、しばしば頭痛に悩むようになった。仕事にも就けず悩んでいたときに神様のお話を聞いたという。

義父は、いんねんの教理に感銘を受けて早速入信、すぐに道専務者となって布教に邁進《まいしん》した。その筋金の入った布教活動が大教会長様の目にとまり、やがて後継者のいなかった札幌分教会へ夫婦で養子として迎えられた。ところが、この義父母にもまた子どもがなく、私が行くことになったのだ。

義父は身上がちのため活動的な動作は無理だったが、その信仰信念は素晴らしいものだった。

義父はとにかく朝が早かった。朝づとめはまだ真っ暗いうちから始まる。また、おつとめ後の講話はたいてい一時間はする。毎日のことだから同じ話を何度も聞かされた。私はどんな話も全部、初めから終わりまで、その筋道まで覚えてしまったものである。

そうした道中、ある冬のことだった。

義父から、遠く離れた田舎に点在している信者宅を回ってきてくれないかと言われた。約一カ月の予定だ。私は回っていて少々気持ちが疲れた。それは、どの信者宅もさほど信仰に熱心と思えなかったからである。そして最後に富良野《ふらの》地方の山中の一軒家にたどり着いた。その家は最寄りの駅から雪明かりの道を三キロくらい歩いた所にあった。

住んでおられた人は、すでに子どもは独立して家を離れ、夫婦二人きりだった。戦時中、室蘭《むろらん》から疎開してきて、戦後もそのまま住みついていた人たちである。

山小屋のような家で寒さもひときわ厳しかった。温めた石を湯タンポ代わりに布団の中に入れてもらって泊まった夜、私はある感慨を覚えていた。それは「一人の信者さんをお与えいただくということは大変なことなのだ。信者さんは大切に育てさせていただかねばならない」ということだった。

この体験のあと、私たち夫婦は布教に出たいと思い、当時三歳と二歳の子どもを連れて教会を離れることにした。ちょうど妻は妊娠中だった。義父も私の気持ちを聞き入れて、頑張れと言って許してくれた。

この道中は三年という短い期間だったが、楽しく勇んでつとめさせていただいた。一つの目標に向かって夫婦で共に歩むときは、より一層の心の充実を感じることを体験した。

初めて参拝に来てくれた人を迎えたときの喜び、子どもたちが毎日のようにごはんに味噌をつけて食べるときの喜ぶ顔、三人目の子どもが生まれて嬉《うれ》しかったこと、そして大教会長様が訪ねて来てくださったことなど、すべてが思い出深いものである。

おかげで何ものにも代えがたい勇み心を得るとともに、後々の私たちにとって、大きな糧《かて》をお与えいただいた。

家族と共に

私と妻は少し変わった結ばれ方をした。

彼女の実家は函館《はこだて》である。両親は家に神様を祀《まつ》ってお道の信仰をしていた。私の教会とは系統が違うが、義父が札幌の教会へ来る以前に、函館で単独布教をしていたときに知り合った人たちだった。

天理大学を卒業して札幌へ来てから二年が過ぎたとき、父親と彼女が教会へ来られた。所用を済ませて立ち寄ったのである。久しぶりの再会だから食事でもと、私たちと一緒に食卓を囲んだ。そのとき、私と彼女が直接話をする機会はなかった。

二人が帰ったあと義母が、「あの娘、あんたの嫁にどうだい？　私の直感だけど、いいと思うよ」と言った。私は義母の言葉に驚いた。二人で一度も会話を交わしていないし、第一、相手の家は信者家庭。そんな人が教会へ嫁いできてくれるとはとうてい思えなかった。しかし、義母が言うのだから何かがあるのかなと思い、「もし相手がいいと言われるなら私はいいですよ」と答えた。

早速義母は、自分で直接彼女の家へ電話をした。それを聞いた彼女はあっさり承諾してくれた。承諾の返事をもらった義母は、すぐに修養科へ入ってほしいと彼女に伝え、彼女も私と会う時間もなく、急いでおぢばへ向かった。そして修養科を修了した直後、私たちは結婚式を挙げた。私二十六歳、妻二十一歳の夏だった。

　教会へ嫁いできた当初、妻はかなり戸惑ったらしい。教会生活をまったく知らないで来たのだから、想像していたものとの違いに驚いていた。妻は毎朝三時三十分から四時の間に起床。当時は薪《まき》を焚《た》いて炊事をしていたので、多くの人の食事の世話は大変だった。それだけではない。掃除全般もある。そして日中は、にをいがけやおたすけにも出た。驚くのも無理ないことだろう。

　会長夫婦は、そんな妻を親心をもって仕込んでくれた。妻もまた頑張って通ってくれた。私たちは、神様が結んでくださった夫婦という意識があるからこそ、辛《つら》いことも二人で励まし合って通ってきた。

　私は妻の布教への取り組みに大いに教えられた。当時の私は、にをいがけやおたすけに躊躇《ちゅうちょ》するところがあった。が、妻にはそれがなかった。まったく臆《おく》することなくどこへでも勇んで行ってくれた。おさづけを取り次げば、神様が絶対お働きくださると信じきっていた。

結婚して三年、四年と過ぎていったが、その間、悩んでいたのは子どもが授からないことだった。そうこうするうち、教祖八十年祭を迎えた。すると大教会長様から妻に、年祭の期間中、本部でのひのきしんに出てほしいと声をかけられた。そこで妻は約一カ月、おぢばでひのきしんをさせていただいた。ひのきしんを終え教会へ帰ってすぐに妊娠が分かった。私たち夫婦はもとより、教会中の人たち、信者さんたちも、親神様のご守護と、共々に喜び合ったものである。

その後、私たち夫婦には、五人の女の子が授かった。

子どもを育てることほど楽しいことはない。子育てに苦労はつきものだが、子育ての本当の楽しさは苦労を克服したあとにあると思う。

私がまだ後継者のころ、何人かの人を初めておぢばへお連れし、別席を運んでもらったことがある。その留守の間、生後九カ月の四女が急病で危篤になり、一刻も早く父親を呼び戻すようにと医師から言われた。

知らせを聞いて驚いたが、私は帰らなかった。初めてのおぢば、初めての別席、喜んでいる人たちをそのままにして、帰る気持ちにはとてもなれなかった。こんなに勇んでいるときに、大きな「ふし」をみせられたのも天の理。親神様にさらなる前進を誓う心定めをさせていただいた。まさに我が子をためしにかけられての正念場だった。

四女は不思議なご守護を頂いた。

年月を経て現在、子どもたちの成長を顧みれば、長女は物心ついたころから教会の跡を継ぐ自覚があったようだ。学校を卒業すると修養科、教会長資格検定講習会に進み、大教会の女子青年を務めてすぐに結婚。二人で布教に出たあと、いまは会長夫人として励んでくれている。二女は看護師の経験を積んだあと、教会長後継者と結婚し、現在七人の子どもを抱えながら布教所を設けて励んでいる。三女も教会長後継者と結婚し、しばらく布教に出たあと、いまは教会で頑張ってくれている。また四女は中国人の夫と海外で暮らし、五女はイラン人と結婚し日本で暮らしている。四女、五女は結婚と同時にそれぞれ、家に神様を祀《まつ》って、家族共々にお道の信仰をさせていただいている。実にありがたいことである。

平凡な教会家族だが、振り返ってみれば実にありがたいことである。

教会長として

教祖九十年祭のときには、教会としてかってない数の帰参者をお与えいただいた。

年祭の年の六月、私は札幌分教会の会長の任命を受けた。三十九歳のときだった。

妻と新たな気持ちになって神様にお誓いしたことは、より一層神様に信頼される人になるよう努力していくことだった。教会長夫婦が神様に信頼されずに、人さまに信頼されるはずがない。そのためにはおたすけを最優先してつとめていくことだと誓った。

私たちが神様のご守護を頂戴《ちょうだい》する道は、身も心もすべておぢばへと繋《つな》がり、尽くし運んでたすかる理を受ける以外にはない。私は教会長として私なりの心定めをして、つくし・はこびのうえに教会の代表者という意識をもってつとめさせていただくことにしたのだ。身上や事情のおたすけに際しては、執拗なまでに別席を運ぶこと、おさづけの理を拝戴《はいたい》すること、さらに修養科や教会長資格検定講習会の受講を勧めてきた。これ以外にたすかる道はないのだから。

さて、会長になって十年の節目が近づいてきたころ、信者さんたちの間で、神殿が狭くなってきたので普請をさせていただこうではないかという声が出てきた。私は信者さんたちから出た声に感動し嬉《うれ》しく思った。

教祖百年祭も喜びのうちに終わり、すぐにお許しを頂き神殿普請に取り掛かった。多くの人々に勇んだつとめをしていただき、やがて三階建ての神殿棟が完成した。

教会にとって一番大切なことは、教会に繋がる皆が一手一つになっておつとめを勤めることである。私たちは新しい神殿をご守護いただいたうえからも、より多くのおつとめ奉仕者をお与えいただきたいものと懸命につとめ、勇ませていただいたことを懐かしく思い出す。

教会とは、そこに集う人たちの陽気ぐらしの道場である。一堂に会して切磋琢《せっさたく》磨《ま》することによって心の成人を見せていただく。だから私は、教会でのひのきしんを大変重要なものとした。祭典前後や、その他いろいろとひのきしんの場をつくらせてもらい、できるだけ教会へ参拝する機会をつくった。ひのきしんの場は必ず話し合い、練り合いの場となり、心の成人のために役に立つと思ったからだ。心を寄せての神殿普請のおかげで、より勇んだ姿を見せてもらえるようになったと思っている。

平成十年、私は六十二歳で会長を辞任し、後継者にあとの道を託した。

いま、二十二年間に及ぶ教会長時代を振り返ってみるとき、すべてに大いなるお導きを感じ、これに勝る嬉しさはないと、妻と顔を見合わせている。

おわりに

慎みが理や、慎みが道や。慎みが世界第一の理、慎みが往還や程に。
（明治25・1・14）

最近、あらためてこのおさしづのお言葉を読ませていただき、身震いを覚えた。そして、このことをお道の風景として、いまの世に映し出さねばならないと思った。

今日、世界で、国家で、社会で、家庭で、個人で、それぞれなりに慎みが失せてしまった感がする。人々は自分にとって痛くも痒《かゆ》くもないことには無関心を装っている。この慎みのない心こそ恐ろしい。「慎みが世界第一の理」との仰せである。これは親神様が創造されたこの世で、私たちが共生させていただくための必須条件である。

ではどうすれば、この慎みの心が培えるのだろうか。それには人としての徳育しかないと私は思っている。

徳育とは個人の素質を改善していくことである。それは命の元に根差す以外に改善されないだろう。そこで、そこに至る道として、先に分かった人が導くのである。これが道の人の使命である。そして導く人のあり方は、常に前向きの生き方が望まれる。

老齢の熱心なよふぼくが身上を頂き、医師から手術も不可能と宣告された。彼は自分の人生はあとわずかだろうと悟り、心を決めた。それは出直すまで、自分にできるにをいがけとひのきしんをさせていただくということだった。そして病を押して毎日励んだ。その結果、二カ月が過ぎたころ、医師は回復の兆しがあることに驚いた。現在、四年を過ぎ、彼は元気である。これは周囲の人たちを勇気づけるとともに、人の道のあり方を教えてくれたのである。

一方、あるよふぼくの婦人は、「あなたはどんなきっかけで入信したのですか」と尋ねられ、「近所に住む、信仰している奥さんの日常の姿を見て、自分のほうから相談にいったのです」と答えたという。続けて婦人は「この奥さんの家庭は常に明るく、ご家族はいつも親切です。当たり前と思われることをありがたいと喜び、また苦しいことが起きても必ず前向きに考える。お子さんたちはそうした親を尊敬しており、さすがはお道の信仰者です」とも言われたそうである。それでいざというときに、あの人ならと相談されたのであろう。

二例紹介したが、この人たちには人生を前向きに歩もうとする勇んだ姿がある。前向きの姿勢は人生の目標があって初めて成される。目標には必ず慎みが必要だ。だから人は引きつけられ感動するのだ。

身を律する心と、慎みの心、行動がなければ成し得ないことである。やはり終生、徳積みの努力が必要なのである。

そしてすべて「神一ぢよでこれわが事」と、自分の問題として励ませていただく以外にはない。ここに陽気ぐらしが見えてくると信じ、筆を擱《お》きたい。

あとがき

会長を辞してから今年で十年になる。以後も今日まで届かぬながらもお道を通らせていただいてきたが、その間の心の中にある信仰の道への思いを、折々にいろんなものに書き残してきていた。

このたび、道友社の厚いご厚意によって、その中から書き改めて出版させていただくこととなり、大変嬉《うれ》しく思っているところである。

私は常々、今までの自分の布教活動の足跡は、ごく平凡なものにすぎないと感じている。しかし、私なりに真剣に歩んできたとも思っている。平凡であるがゆえに、私が感動し勇んだ信仰生活から、人々に少しでも感じるものを得ていただければありがたいとの思いから、あつかましくも出させていただいたものである。
最後に、この本の出版にご尽力くださった道友社の方々に、心より感謝とお礼を申し上げる次第である。

立教百七十一年十一月

木岡　昭

木岡 昭（きおか あきら）

1936年 9 月 9 日、兵庫県豊岡市にて出生。

1961年、天理大学文学部宗教学科卒業。

1976年、札幌分教会長就任（1998年辞任）。

天理教集会員、よのもと会委員、同講演部講師、国内布教伝道部布教専従者研修会講師、豊岡大教会役員、北海道教区主事などを歴任。

現在、天理よろづ相談所事情部講師。

お道《みち》の風景《ふうけい》　教《おし》えを悟《さと》る・教《おし》えを暮《く》らす

立教171年（2008年）11月26日　初版第 1 刷発行

著　者　木　岡　　昭

発行所　天 理 教 道 友 社
〒632-8686　奈良県天理市三島町 271
電話　0743(62)5388
振替　00900-7-10367

TENRIKYO DOYUSHA

印刷所　株式会社天理時報社
〒632-0083　奈良県天理市稲葉町 80

ISBN978-4-8073-0534-6
定価はカバーに表示